En mi angustia clamé a Dios:

Señor,
he venido a ti
y nada ha sucedido

Edición 2020
Un Regalo del Señor
Campañas y Actividades en
Sur América

Señor, he venido a ti y nada ha sucedido

Marisol & José

Señor, he venido a ti y nada ha sucedido

Contenido

Capítulo 1 6
TODO COMENZÓ EN EL ALTAR 6
Capítulo 2 12
UNA ROSA 12
Capítulo 3 18
LA IGLESIA EN EL TRABAJO 18
Capítulo 4 24
EN EL CAMPO MISIONERO 24
Capítulo 5 27
LLAMADO A SUR AMÉRICA 27
Capítulo 6 39
MIEMBRO DEL ESCUADRÓN CRISTO VIENE 39
Capítulo 7 44
AMOR A PUERTAS ABIERTAS 44
Capítulo 8 51
HAITÍ PRIMER VIAJE MISIONERO 51
Capítulo 9 55
"ARGENTINA TE LLAMA" 55
Capítulo 10 62
INVASIÓN EVANGELÍSTICA PERÚ 62
Capítulo 11 79
PROGRAMAS DE RADIO & TV 79
Capítulo 12 83
CAMPAÑAS EN COLOMBIA 83
Capítulo 13 89
LA PICADA DEL ESCORPIÓN 89

Capítulo 14	99
AMONESTADO POR JOSÉ EL SOÑADOR	99
Capítulo 15	104
LA VOZ AUDIBLE DE DIOS	104
Capítulo 16	108
AMOR A PUERTAS ABIERTAS	108
Capítulo 17	122
PROPUESTA $40,000 APROBADA	122
Capítulo 18	127
MILAGROS DE PROVISIÓN	127
Capítulo 19	137
EXPERIENCIA CON EL ÁNGEL	137
Capítulo 20	156
PRIMER ALBERGUE	156
Capítulo 21	161
EL QUIJOTE DEL SEÑOR	161
Capítulo 22	169
PRUEBAS ANTES DE LA BENDICIÓN DE DIOS	169
Capítulo 23	173
DIOS HACE HABITAR EN FAMILIA A LOS DESAMPARADOS SALMO 68:6	173
Capítulo 24	183
CAMPAMENTO LEVANTANDO AL CAÍDO	183
Capítulo 25	186
"SEÑOR SI ME DICES QUE NO; LO ENTENDERÉ"	186
Capítulo 26	198
"SEÑOR, LLÉVAME EN SUEÑOS A LOS LUGARES QUE ME LLEVARÁS"	198

Capítulo 27 202
TODO ESTÁ LISTO… 202
Capítulo 28 213
REGRESO A SUR AMÉRICA 213
Capítulo 29 228
EL AYUNO DEL SEÑOR 228
Capítulo 30 240
SEÑOR, TÚ LO SABES TODO; TÚ SABES QUE TE AMO. JUAN 21:17 240
Capítulo 31 244
DIRIGIENDO LA OBRA DE DIOS EN LAS NACIONES 244
Capítulo 32 251
AL QUINTO DÍA UNA NUBE BLANCA DESCIENDE Y SE LO LLEVA 251
Capítulo 33 254
HONRANDO A NUESTROS MENTORES 254
Capítulo 34 261
EL SEÑOR ME ENVÍA CON MENSAJE A YEYA 261

Señor, he venido a ti y nada ha sucedido

Capítulo 1
TODO COMENZÓ EN EL ALTAR

Mi padre siempre me recordaba el día de mi presentación al Señor. El Rev. Isaac Hernández, Pastor de la Iglesia de Dios Pentecostal MI de Arecibo, PR luego de sostenerme en sus manos subió al altar y levantándome a lo alto oró:

"Señor, recibe a este niño como una ofrenda, hoy sus padres te lo dedican reconociendo que tú eres el Señor de sus vidas, bendícelo y úsalo para tú servicio según sea tú voluntad... en el nombre de Jesús, Amén".

Para él fue muy significativo presentar a su pequeño hijo al Señor. Esto lo hizo porque en aquellos días habían entregado sus vidas al Señor. Como cuestión de hechos, soy el menor de todos mis hermanos. Muchas veces me decía que lo veía claramente en su mente como si fuera hoy aquel día de mi presentación al Señor.

Creo que esta costumbre de presentar a los niños al Señor en dedicación es un acto que Dios atiende como una ofrenda de amor y consagración. Sin entrar en detalles, el mejor ejemplo lo vemos en el caso del Profeta Samuel quien fue la respuesta de una oración y como agradecimiento a Dios le fue dedicado para el ministerio.

Esa fue la motivación de mis padres cuando decidieron presentarme delante del Señor, lo cual hoy que soy un adulto he comprendido que fue un día en el cual fui marcado para los propósitos de nuestro Padre celestial.

Pasaron los años de esta dedicación, mis padres se apartaron de los caminos del Señor y mi vida cuando llega a las primeras etapas de la juventud, comienza a experimentar con vicios y placeres del mundo.

No creo que los detalles de la vida de pecado vividos edifiquen a nadie, por lo cual prefiero más bien narrar lo vivido con el Señor luego de mi oración.

Fueron en esos días, cuando los placeres se convirtieron en angustias, que comencé de todo corazón a clamar a Dios. Pues en verdad, me estaba dando cuenta que mi hogar se estaba destruyendo y sobre todo me causaba gran dolor el sufrimiento que estaba ocasionando a mis padres en especial a mi madre.

Era doloroso para mí encontrarla sentada en la escalera de mi casa, con sus ojos hinchados de tanto llorar, pues yo me desaparecía por dos o tres días sin que nadie supiera mi paradero. Aunque la abrazaba y le prometía que no volvería hacerlo buscando la manera de hacerla sentir bien, sentía que mis palabras no la consolaban.

Para ese entonces, trabajaba en la División de Multas Administrativas del Departamento de Transportación y Obras Públicas en la Antigua Base Naval, donde hoy día se encuentra el Centro de Convenciones de San Juan, Puerto Rico.

Ahí, una compañera de trabajo cristiana me obsequió un pequeño Nuevo Testamento de bolsillo de esos que distribuyen los Gedeones. ¡Que Dios la bendiga donde quiera que esté! Ha sido el mejor regalo que he recibido en mi vida; La Palabra del Señor. A la hora del almuerzo solía sentarme debajo de unos árboles de pino, al lado de un potrero, que ubicaba en la parte posterior de la Antigua Base Naval. Allí comencé a darle lectura a mi pequeño Nuevo Testamento. Leyendo los Evangelios, los Salmos y el Apocalipsis comenzaron a cautivarme.

Las profecías que leía sobre la segunda venida del Señor y las advertencias que hace en su palabra, me estremecían el espíritu.

<u>Señor, he venido a ti y nada ha sucedido</u>

Este conocimiento nuevo que adquiría sobre la segunda venida del Señor, cuando lo leía, era como si escuchara la voz audible del Señor que penetraba en mi interior.

Uno de esos días de lectura hice esta oración; ***"Señor, pasa por mi vida antes que vengas por tú pueblo"***. Pero en ese momento de oración, nada sucedió, no sentí, no observé y no escuché nada. Parecían palabras pronunciadas al silencio.

Solo escuchaba el zumbido del viento acariciando el alto y frondoso árbol de pino en cuyas grandes raíces me sentaba. Transcurrida la hora de almuerzo, regresaba a mis labores y finalizada la tarde, volvía a lo mismo.

En el 1981 viviendo en el Condominio Apartamentos Lissette en el pueblo de Carolina, tuve de vecina a unas jóvenes misioneras. Una de ellas era Bruni, la que comenzó de a invitarme a cultos, reuniones de oración en su apartamento y me daba testimonio de las cosas que Dios había hecho con ellas de misioneras en España. En una de esas reuniones que me invitó, me quedé sentado al lado de la puerta de entrada de su apartamento.

En determinado momento del culto, estando de rodillas orando, sentí cuando una persona entró y como si un manto me rozara el hombro izquierdo, al levantar la mirada para ver quien había llegado al culto, no había ninguna otra persona aparte de las que ya estábamos en la sala.

Entonces comencé a llorar pidiéndole al Señor que me ayudara a salir de los vicios. Pero luego de finalizado el servicio, cuando llegué a mi apartamento, continúe haciendo lo mismo, no porque quisiera hacerlo, sino porque no podía romper con el vicio.

Bruni era una joven cristiana incansable en su lucha por llegar a las almas. Trabajaba con los niños que residían en el condominio, realizaba actividades y solo con el fin de llevar el mensaje de salvación del Evangelio de Jesucristo.

Señor, he venido a ti y nada ha sucedido

Una vez coordinó una campaña evangélica frente al condominio invitando al Evangelista Avelino Pagán para que compartiera su testimonio de cómo Dios lo había librado de la muerte luego de recibir el impacto de 10,000 voltios de electricidad.

Luego de haber escuchado su impactante testimonio, en el llamado a la conversión, nuevamente pasé al frente para recibir a Cristo como mi Salvador. Digo nuevamente, porque en el apartamento de Bruni, allí de rodillas ya lo había hecho, aunque seguía cautivo en los vicios.

Con mi corazón arrepentido y mi mente pensando en cambiar mi estilo de vida, acepté al Señor como mi salvador, pero nada sucedió esa noche. Seguía en mis vicios y cada vez más se complicaba mi vida.

Aunque haber pasado al frente para recibir a Cristo como mi Salvador personal no había producido resultado alguno en el momento, seguía visitando la sombra del árbol de pino a la hora del almuerzo de mi trabajo para leer mi Nuevo Testamento de bolsillos.

La lectura de la Palabra del Señor me iba iluminando cada vez más. Pronto fui descubriendo las promesas de Jesús que hicieron de mi oración una poderosa arma que comprometería a Dios a actuar a mi petición, pues oraba citándole sus propias Palabras que atraían hacía Él.

"Señor, tú dices en tú Palabra, Pedid, y se os dará; Buscad, y hallaréis; Llamad, y se os abrirá; Porque todo aquél que pide, recibe, y él que busca, halla; y al que llama se le abrirá... tú dices que él que viene a ti, tú no le echas fuera; y yo, Señor, he venido a ti y nada ha sucedido".

Esta sería la oración con la cual puse al Señor en jaque: SEÑOR, HE VENIDO A TI Y NADA HA SUCEDIDO.

<u>Señor, he venido a ti y nada ha sucedido</u>

Haber pronunciado sintiendo un nudo en mí garganta esas palabras que brotaron de lo profundo de mi corazón, sentado en la sombra de un árbol de pino en la Antigua Base Naval de San Juan, marcaría mi vida para siempre. En ese momento no hubo truenos, relámpagos ni voces luego de mi oración. Solo escuchaba el zumbido del aire que es peculiar cuando sopla en las ramas de un árbol de pino.

Aunque no sucedió nada en ese momento luego de haber orado, sin embargo, al marcharme me sentía como más liviano. Tuve la sensación de sentirme como si estuviera en armonía y en paz con Dios. No había escuchado su voz ni sentido algún poder sobrenatural en mi vida, pero sentía una paz en mi interior que me invadía cada vez que oraba y lloraba delante de Su presencia.

Jesús dijo:
"Todo lo que el Padre me da, vendrá a mí; y al que viene a mí, de ningún modo lo echaré fuera".
Juan 6:37

Señor, he venido a ti y nada ha sucedido

"SEÑOR, HE VENIDO A TI Y NADA HA SUCEDIDO"

"INVÓCAME EN EL DÍA DE LA ANGUSTIA,
TE LIBRARÉ, Y TÚ ME HONRARÁS". SALMO 50:15

Capítulo 2
UNA ROSA

Esa simple oración cambió todo. Fue la llave que abrió la puerta a un caudal de experiencias con el Señor que marcaría mi vida para siempre. Frustrado por los varios esfuerzos que había hecho para cambiar mi vida, durante el día hice esa oración que salió de lo más profundo de mi corazón: "SEÑOR, HE VENIDO A TI Y NADA HA SUCEDIDO".

Luego en la noche me encontraba en un Bar cerca de la Parada 22 en Santurce, Puerto Rico. Eran como las 4:00 de la madrugada y quedaban pocos clientes. Me encontraba solo sentado en una esquina de la barra pensando en los problemas que me deprimían.

Pensando que era tarde y que pronto amanecería, miro hacia las dos puertas de entrada del negocio y veo a este hombre de vestiduras largas que llega y por unos segundos queda parado sin entrar al Bar.

Las dos puertas del negocio eran de cristal por lo que se podía ver quién llegaba al Bar antes de que entrara. En ese momento, me llama la atención su vestidura, pues era una túnica larga y cubría su cabeza con un manto.

Mi impresión inmediata fue: "¿Qué hace un religioso aquí y a esta hora de la madrugada?". Luego de estar algunos segundos parado frente a las puertas del Bar, las abrió y entrando comenzó a caminar lentamente entre las mesas en dirección hacia mí.

Mientras se acercaba, me percaté que traía una rosa en sus manos. Lo miraba fijamente como se iba acercando lentamente hasta que llegó frente a mí y extendiendo su mano, me dio la rosa diciéndome: *"DIOS TE BENDIGA"*.

Señor, he venido a ti y nada ha sucedido

Esas palabras fueron como un vaso de agua fría al sediento. Cuando me entregó la rosa con su bendición, sus palabras me hicieron estremecer y comencé a llorar.

Él sin proferir más palabras ni acercarse a ninguna otra persona en el Bar, se marchó del lugar. No había pasado un minuto cuando él salió de las puertas del negocio, que secándome las lágrimas me levanté de la silla para ir fuera del negocio y pedirle que orara por mí. Ya fuera del negocio me sorprendió que ya no estaba. ¿Cómo se marchó tan rápido? No vi movimiento de autos. Mi salida fuera del negocio fue casi inmediata a su salida.

Miré hacia ambos extremos de la avenida y estaba completamente solitaria sin ningún movimiento de personas o vehículos. En ese momento no comprendiendo lo sobrenatural de la experiencia, me marché con la rosa en mi mano al apartamento que había rentado durante el día para pasar esa noche ya que durante el día había decidido no regresar a mi hogar.

El apartamento consistía en una pequeña habitación con una mesa sobre la cual había un pequeño florero con dos rosas semejantes a la que recibí, pero artificiales.

Colocando la rosa entre medio de las dos artificiales escuché una voz que retumbó en mi mente que dijo: "El Padre, El Hijo (la rosa que yo colocaba) y El Espíritu Santo". En ese momento rompiendo en llantos caí de rodillas y comencé a llorar hasta quedarme dormido.

Hoy día, por más que he buscado en mi mente la apariencia de esa persona que me bendijo con la rosa, en mi memoria no existe el recuerdo de su rostro. Solo sé que fue real, no fue un sueño ni una visión, aunque en ese momento no entendí lo sobrenatural de la experiencia, pues tenía el velo de la ignorancia en mis ojos.
Luego de mi conversión he tenido en mi espíritu la convicción que fue el mismo Señor quien vino a mi movido por la oración que durante el día había hecho sumergido en mi angustia.

Señor, he venido a ti y nada ha sucedido

"Señor, he venido a ti y nada ha sucedido" fue una oración que hizo que JESÚS en persona viniera a mí. Aunque no recuerdo el rostro de esa persona, en lo profundo de mi espíritu sé que fue El. Fue una experiencia que solo el que la vive puede entenderla. ¡Gracias Señor por esa rosa y por tu bendición!

"Acercaos a Dios, y Él se acercará a vosotros. Limpiad vuestras manos, pecadores; y vosotros de doble ánimo, purificad vuestros corazones".
Santiago 4:8

Al amanecer fue la mañana del lunes 29 de junio de 1981 y sucedió que de regreso a la oficina donde trabajaba, encendiendo la radio escucho a una mujer predicando y comencé a sentir que todo lo que estaba hablando fuera como si Dios mismo me estuviera hablando directamente a mi vida. Las palabras de aquella hermana penetraban como una espada afilada atravesando lo más profundo de mi corazón.

14

Señor, he venido a ti y nada ha sucedido

Mientras esto sentía, repentinamente un resplandor de luz entró por el cristal delantero de mi auto posándose sobre mí. De inmediato todo mi cuerpo comenzó a temblar. Me estremecía y lloraba sintiendo una sensación de liberación en mi espíritu. Sentía como corrientes eléctricas por todo mi ser. Temblaba y lloraba y en lo profundo de mi espíritu entendía que era la respuesta a mi oración: "SEÑOR, HE VENIDO A TI Y NADA HA SUCEDIDO".

Me detuve ante la luz roja del semáforo que había cambiado y continuaba llorando y sintiendo la bendita presencia del Señor que me visitaba con poder y gloria. Todo cambió en un instante. Estaba experimentando un nuevo nacimiento. Me sentía diferente, completamente liberado de vicios.

Después comprendí que era la promesa del Espíritu Santo que el Señor prometió el último y gran día de la fiesta en Juan 7:37-39. Sentir esos ríos de aguas vivas por todo mi cuerpo que corrían inundaba todo mi ser de la presencia del Señor.

¡Aleluya! Sucedió también, que por mí costado derecho pude ver lo que me pareció era una niebla negra salir de mi cuerpo. Jesús dijo: *"En el último y gran día de la fiesta, Jesús se puso en pie y alzó la voz, diciendo; Si alguno tiene sed, venga a mí y beba. El que cree en mí, como dice la Escritura, de su interior correrán ríos de agua viva. Esto dijo del Espíritu que habían de recibir los que creyesen en él, pues aún no había venido el Espíritu Santo, porque Jesús no había sido aún glorificado.* Juan 3:37-39

Qué respuesta tan gloriosa recibí como consecuencia a mi sincera y simple oración; ***"Señor, he venido a ti y nada ha sucedido".***

Me estacioné y continuaba llorando, experimentando mi nuevo nacimiento. Todo lo veía distinto. En ese momento fue como si me hubieran quitado una venda de mis ojos. Inmediatamente ahora podía ver y entender la vida desde un punto de vista nuevo. El deseo de fumar y beber se había ido de mí. Era como si fuera otra persona. Me sentía tan liviano como si estuviera flotando en una nube. Sentía una profunda sensación de liberación y gratitud al Señor que me había respondido a mi sincera oración.

Al regresar a la oficina Awilda mi compañera de trabajo que era cristiana cuando me observó al entrar con los ojos rojizos de tanto que había llorado, exclamó diciéndome; *"Tuviste una experiencia con el Señor"*. Sí, Jesús es real, está vivo, ha resucitado, se me manifestó en el auto en la misma Avenida, a plena luz del día. Jesús me contestó mi oración.

Llorando le expliqué todo lo que me había sucedido. Esa mañana gloriosa fue quitada la venda de mis ojos que me impedían ver y entender la separación que hace el pecado entre Dios y el hombre. A plena luz del día, mientras miles de personas caminaban en sus afanes, yo estaba viviendo una experiencia real con Jesucristo. Aunque en un momento que me detuve en el semáforo con luz roja estando en llantos bajo la poderosa Presencia del Espíritu Santo, nadie vio lo que estaba sucediendo.

En la oficina se regó como pólvora la noticia de lo que me había sucedido y ahora era visto por algunos de mis amigos con cierta intriga. Era la época cuando a los cristianos despectivamente les llamaban "los aleluyas". La experiencia que había vivido había sido demasiada maravillosa para preocuparme del qué dirán de aquellos con los cuales compartía en los vicios. Ahora mi vida tomaría otro camino rumbo a un destino que el Señor me posteriormente me mostraría.

Señor, he venido a ti y nada ha sucedido

Un resplandor de luz descendió del cielo por entremedio de estos árboles de la Avenida Ponce de León en Santurce, PR.

Capítulo 3
LA IGLESIA EN EL TRABAJO

Cuando esa mañana llegué a la oficina Awilda se puso tan contenta y ahora con más tenacidad me hablaba y enseñaba la Palabra del Señor. Ella me invitó a los círculos de oración que en la hora del almuerzo se celebraban en una oficina en el mismo edificio donde trabajamos los cuales se convirtieron en mi primera congregación o Iglesia.

Eran hermanos de distintas iglesias que solían reunirse en la hora del almuerzo para orar y predicar la Palabra. Era un grupo en el cual se manifestaba la Presencia del Señor de una manera tan real y poderosa. Cuando hoy día recuerdo aquellos cultos comprendo el significado de la unidad del Cuerpo de Cristo por la cual Jesús oró al Padre. El Señor no tiene problemas con los nombres de las denominaciones o iglesias. Allí nos reuníamos cristianos evangélicos y cristianos católicos por decirlo de una manera que usted pueda entender. Hermanos bautistas, metodistas, Asamblea de Dios, pentecostales y católicos entre otros, juntos en armonía orando, alabando y disfrutando de la manifestación del Espíritu Santo.

Era prácticamente un culto completo lo que se daba, pues se cantaba, se oraba y se predicaba la Palabra para luego ministrar al Señor. Siempre digo que esa fue la Iglesia de mis comienzos. Los hermanos Luis Ríos, Néstor, Juarbe y otros que ahora no recuerdo sus nombres, eran líderes que nos pastoreaban.

Que unidad espiritual viví en esos días. Las bendiciones que Dios derramaba en esos cultos eran poderosas. Creo que el sacrificar la hora del almuerzo para participar del culto en el trabajo, se recibiría en el cielo como una señal de hambre espiritual y deseo de Su presencia por lo que siempre el Señor se manifestaba de manera especial.

Ahí comenzó a instruirme en la Palabra el hermano Juarbe con el cual comencé a viajar en el mismo auto hacia el trabajo. Me prestaba los discos y libros de mensajes proféticos del Evangelista Yiye Ávila los que me fueron de gran bendición especialmente los libros "El Ayuno del Señor" y "La Ciencia de la Oración".

Así comencé a crecer espiritualmente. Recuerdo que una vez le pregunté sobre a cuál Iglesia me debería de unir para hacerme miembro. Su respuesta fue una muy sabia no ejerciendo presión para que me congregara en la que él se congregaba. Él me dijo: "Ora y pide al Señor que te dirija". Y eso de inmediato hice.

Una mañana mientras hacía fila en la Colecturía en el primer piso del Edificio Minillas Sur, me puse a pensar, cómo el Señor me hablaría para indicarme en cual Iglesia debía congregarme. Mientras meditaba pude ver cómo un conserje de la oficina sacudía una alfombra que estaba en la entrada de la Colecturía.

Pero, éste la sacudía y la sacudía y la sacudía con tanta insistencia que llamó mi atención. Llegó mi turno al mostrador, realicé la gestión y me marché. Por la noche de ese mismo día visité la Iglesia Tabernáculo Pentecostal que pastorea el Rev. Gustavo A. Firpi en Villa Carolina por invitación de unas hermanas.

Sucedió que al entrar por las puertas del Templo me senté en las sillas cercanas a la entrada y esperé a que llegaran los hermanos pues había llegado temprano al culto y apenas estaban llegando los hermanos a la congregación. Luego de varios minutos de estar sentado se me acerca uno de los diáconos para saludarme y darme la bienvenida.

Inmediatamente que me hace la pregunta: ¿Hermano, en cual Iglesia usted se congrega? Cuando abro mi boca para decirle que estaba en el proceso de buscar una Iglesia y oraba para que Dios me dirija, miro hacia la entrada del Templo y veo que había una alfombra igual a la de la Colecturía.

Señor, he venido a ti y nada ha sucedido

Aquella alfombra que fue sacudida tantas veces ante mis ojos y sentí la presencia del Espíritu Santo haciéndome entender que ahí debería congregarme. "Hermano, Gloria a Dios, en esta Iglesia es que me voy a congregar, ahora mismo el Señor me lo ha mostrado".

Y le expliqué lo que durante el día me había sucedido en la fila de la Colecturía. ¡Gloria a Dios por Su Espíritu Santo que nos dirige hacer Su voluntad!

El Señor dijo: *"Pero cuando venga el Espíritu de verdad, Él os guiará a toda verdad; porque no hablará por su propia cuenta, sino que hablará todo lo que oyere, y os hará saber las cosas que habrán de venir"*. Juan 16:13

Desde entonces y hasta que el Señor me movió a un campo misionero, esa fue mi Iglesia donde comencé a congregarme y donde seguí creciendo espiritualmente. Fueron muchos predicadores muy conocidos los que pasaron por el altar de la Iglesia los que Dios usó para instruirme en el evangelio. El pastor era una persona muy versada en las Escrituras y también fue de mucha bendición a mi vida.

Transcurrido varios meses, oraba sin cesar pidiendo al Señor que quería predicar Su Palabra y dar mi testimonio a donde el quisiera llevarme. Ahora esa era mi continua oración a Dios con llanto y un corazón deseoso de servir en su obra: ***"Señor yo quiero predicar tú palabra y testificar lo que tú has hecho en mi vida"***. Pues la experiencia tan real de cómo lo había conocido era como una llama ardiendo en mi corazón que me impulsaba a testificar a todo aquél que me encontraba en mi camino.

En aquellos primeros meses de mi conversión, recuerdo que en sueños, se me apareció una persona vestida con túnica larga y un cinturón que cruzaba su pecho. Aunque no vi su rostro, supe que era el Señor, pues me dijo: ***"Mi siervo, tú petición ha llegado a mí y Yo te la he concedido"***. ¡Aleluya!

Señor, he venido a ti y nada ha sucedido

Desperté de madrugada sintiendo la habitación llena de la presencia del Señor. Que gozo inefable sentir cuando el Señor nos habla. Aunque no vi su rostro, sí pude ver sus vestiduras. Escuchar su voz era suficiente para sentirme lleno de gozo y una alegría inexplicable. Una de mis virtudes o defectos es que toda mi vida he sido desesperado e impulsivo cuando de alcanzar una meta se trata. Ahora sólo quería predicar y testificar. No veía la hora cuando me dieran una oportunidad en la Iglesia para que testificara frente a la congregación.

Cuando el pastor daba los anuncios de la semana, siempre esperaba que me concedieran una oportunidad, pero esta no venía. Tengo que decir que durante el tiempo que estuve congregándome en esa Iglesia nunca tuve participación, pero entiendo que era nuevo en el evangelio y quizás por eso el pastor no me consideraba.

No tengo resentimientos, pero creo qué así como yo me sentía han de sentirse muchos hermanos que anhelan alabar al Señor testificando lo que Él ha hecho en sus vidas y nunca se les da la oportunidad. Siempre he experimentado algo cuando he predicado o dado testimonio y creo que todo aquel que lo hace ha sentido lo mismo: "es entrar en el gozo del Señor".

Sea predicar, testificar o cantar, ya finalizada la misión, el Señor nos recompensa con su gozo. Porque "bien, buen siervo y fiel; sobre poco has sido fiel, sobre mucho te pondré, entra en el gozo de tú Señor". Mateo 25:21

Esta es la promesa de recompensa que reciben los que ministran de gracia lo que de Él han recibido, el gozo del Señor. Debemos por tanto preguntarnos, ¿Por qué hoy tantos cristianos no sienten el gozo del Señor que es característico de lo que es ser cristiano? Creo que pastorear un rebaño no se puede limitar solamente en alimentarlo con predicas exclusivas del pastor u otros predicadores.

Señor, he venido a ti y nada ha sucedido

Cada miembro del cuerpo debe ser desarrollado en todas las áreas. Pues en un cuerpo no crecen solamente algunas partes. Desde que es un embrión en el vientre de la madre, crece unánimemente y se desarrollan todas las partes del cuerpo a la vez.

Unos serán manos, otros pies y dedos o cabezas, pero todos serán parte del mismo cuerpo en crecimiento, aunque con funciones diferentes. La primera vez que hablé en público para dar mi testimonio a través de unos altoparlantes portátiles fue en mi trabajo en el culto al aire libre que todos los jueves se realizaba en la acera frente a los Edificios Minillas.

Como cuestión de hecho, no fue que el hermano Néstor me pidió que testificara en ese culto, yo le pedí que me diera una oportunidad para testificar, a lo que él sin vacilar me dijo sí. Tengo que confesar que desde que Néstor me dijo sí, durante toda esa semana estuve con el estómago descompuesto. Durante esos días estuve orando y escribiendo mi testimonio sobre lo cual predicaría. Pero según se iba acercando el día, como que me iba atemorizando y los nervios me comenzaban a traicionar.

En honor a la verdad confieso que cuando llegó el jueves, día del culto, deseaba que ese día cayera un diluvio para que el culto se suspendiera, pero amaneció un día precioso con todo el resplandor del sol. Se acercaba la hora de las doce del mediodía y mi estómago se retorcía.

Comenzado el servicio y el hermano Néstor animaba y predicaba cortas exhortaciones, yo en mi interior deseaba que siguiera predicando y se fuera la hora rápido para que yo no tuviera que testificar. Qué ironía, yo que antes me moría por predicar, ahora que tenía mi primer turno al bate estaba temblando de miedo. Pero el hermano Néstor concluyó su corta exhortación presentándome al público. En ese mismo momento cuando agarro el micrófono en mis manos, sentí Su Presencia descender sobre mí.

<u>Señor, he venido a ti y nada ha sucedido</u>

El miedo o terror que sentía desapareció como el humo se desvanece en el aire y comencé a experimentar una fluidez de palabras en mi mente saliendo luego por mi boca. Todo lo que había escrito en una página tamaño legal no tuve ni que mirarla y por el contrario hablé palabras que el Señor trazaba en mi mente. ¡Gloria a Dios, Aleluya!

Que unción se derramó sobre todos los oyentes. Las palabras tocaban los corazones tanto de los hermanos como de los amigos que se detenían a escucharme. Y que tremendo gozo experimenté luego de finalizada mi participación. De ahí en adelante y hasta el día de hoy, como Ministro Ordenado, Maestro de Instituto Bíblico, todavía llego temblando al altar y con el estómago revuelto. Así también sigo experimentando que Él toma el control de mis emociones por medio de la unción cuando hago uso de Su Palabra. ¡Gloria a Su Nombre!

Capítulo 4
EN EL CAMPO MISIONERO

En los primeros días de mi conversión al evangelio de Jesucristo conocí al Pastor Luis Raúl Díaz cariñosamente conocido como el hermano Wichi. Este varón de Dios estaba abriendo una obra en una alta montaña del barrio Carruzo en Carolina Puerto Rico.

Luego que hicimos amistad y conoció de mi testimonio me invitó a testificar en su Iglesia lo cual me llenó de sumo gozo. Fue una predica para unos siete hermanos como mucho a los que le prediqué esa noche, pero para mí eran como si fueran miles los que estaban en aquel pequeño local.

Desde ese momento me enamoré de la obra que él luchaba por levantar y ahora ante la necesidad de tener que buscar donde vivir, pues mi conversión al evangelio y divorcio fueron sucesos prácticamente simultáneos.

Wichi era un pastor que también sufrió el divorcio por causa del evangelio y vivía solo en un pequeño apartamento. Esto nos hacía sentir más unidos. Un día al regresar de mi trabajo, cuando entro a mi apartamento me encontré con la sorpresa de tener toda mi ropa recogida en unas bolsas plásticas. La decisión estaba tomada y sencillamente tuve que dejar el apartamento.

Me fui con el pastor Wichi a su apartamento y ciertamente él se puso contento por mi decisión, pero mi herida por el trauma del divorcio era profunda y sangraba. Pasar por un divorcio fue una etapa difícil en mi vida que el tiempo se encargó de sanar. Doy gracias a Dios porque no permitió que tuviera hijos durante esa relación. Creo que el proceso hubiese sido más doloroso.
Cargando esa cruz continué con Wichi por poco tiempo ayudando en la obra del Barrio Carruzo. Allí fui bautizado en las aguas y

Señor, he venido a ti y nada ha sucedido

hasta llegar a ser su ayudante de pastor. Pero no por mucho tiempo, pues el Señor ya tenía sus planes trazados para mí.

Cuando llegó el tiempo de mi partida de la obra de Carruzo no fue fácil decirle a Wichi que renunciaría a mi trabajo y regresaría a mi pueblo de Hatillo con mis padres. Para mí era un cruce de emociones pues, aunque estaba trabajando en la obra del Señor y me sentía útil y lo apreciaba como varón de Dios, pero por otro lado, necesitaba salir del área metropolitana que mantenía la herida de mi divorcio abierta.

Tomada la decisión, renuncié a mi trabajo y regresé a la casa de mis padres en el Barrio Carrizales de Hatillo. Llegué a mi casa sumergido en la tristeza que ocasiona un divorcio y ahora también deprimido porque había dejado la obra del Barrio Carruzo. Esa primera noche ahora viviendo con mis padres, recuerdo que me fui al culto en la Iglesia que cuando niño solía asistir con ellos.

Al regresar del culto, en mi cuarto, me postré de rodillas y clamé al Señor diciéndole: *¿Señor, y ahora qué? Mi hogar se destruyó, no estoy predicando, abandoné la obra de Carruzo y aquí estoy triste y deprimido. ¿Qué va a suceder con mi vida ahora Señor?*

Luego de haber finalizado mi angustiosa oración, me acosté en la cama para dormir. La respuesta a esa oración no tardaría en llegar. Esa misma noche Dios me visitó en sueños y me hizo el llamado a predicar Su palabra y testificar de lo que había hecho en mi vida. ¡ALELUYA!

Señor, he venido a ti y nada ha sucedido

*"Mi Siervo
Por aquí tienes que ir a testificar
lo que hice en tu vida".*

SUR AMERICA
"MI TIERRA PROMETIDA"

*"Y él mismo constituyó a unos, Apóstoles; a otros, Profetas; a otros; Evangelistas; a otros, Pastores y Maestros, a fin de perfeccionar a los santos para la obra del Ministerio, para la edificación del cuerpo de Cristo, hasta que todos lleguemos a la unidad de la fe y del conocimiento del Hijo de Dios, a un varón perfecto, a la medida de la estatura de la plenitud de Cristo;..7"
Efesios 4:11-13*

Capítulo 5
LLAMADO A SUR AMÉRICA

Esa noche lloré con grande llanto del Espíritu. Con gemidos indecibles que brotaban de lo profundo de mi alma. Cuando oramos con tal intensidad las respuestas de Dios no tardan en venir. Esa misma madrugada recibí las nuevas instrucciones a seguir en el plan que el Señor tenía preparado para mí. Desde tiempos antiguos, Dios ha comunicado al hombre sus propósitos por medio de sueños.

"Cuando haya entre vosotros profeta de Jehová, le apareceré en visión, en sueños hablaré con él. No así a mi siervo Moisés, que es fiel en toda mi casa. Cara a cara hablaré con él, y claramente, no por figuras; y verá la apariencia de Jehová". Números 12:6

Existe una diferencia entre los sueños comunes y los de Dios. La diferencia obvia es que en el sueño de Dios entramos en comunicación directa con Él para recibir Su mensaje.

El sueño de Dios es una revelación divina por la cual conoceremos las cosas que nos vendrán en el futuro independientemente sea para uno, para otra persona, un pueblo o nación. Por medio de los sueños Dios hablaba en el pasado y siendo que Él es el mismo ayer, hoy y por los siglos, esto no ha cambiado.

En las páginas y capítulos que te esperan leer estaré narrando los sueños y revelaciones que guardo en mi corazón como mi mayor tesoro. Las valorizo como un precioso tesoro de joyas porque han sido mis experiencias personales con el Señor. Nada en este mundo tendrá más valor que una sola experiencia con el Dios Todopoderoso. Hay sueños, revelaciones y visiones de Dios.

Señor, he venido a ti y nada ha sucedido

Son manifestaciones divinas, aunque se parecen y son para un mismo fin, se diferencian la una de la otra. La revelación por medio de sueños la recibimos cuando estamos dormidos. Sin embargo, la visión de Dios es cuando estamos despiertos. Por la gracia del Señor he tenido ambas, aunque han sido más las revelaciones por medio de sueños.

Que tremendo, quisiera encontrar una palabra que pueda describir el privilegio de lo que es vivir esas experiencias, por eso digo que son mi especial tesoro, invisible para el mundo, visibles para los que tenemos fe en Él. Haber hecho aquella simple pero sincera oración: "Señor he venido a ti y nada ha sucedido", creo que fue la llave para que hoy esté aquí escribiendo todo lo que me ha sucedido desde entonces. Espero que las disfrutes y te animes a seguir adelante en tú caminar con nuestro Señor.

Volviendo a la noche cuando salí del culto y regresé a mi casa, cerré la puerta de mi habitación e hice lo que dijo Jesús cuando enseñó a sus discípulos a orar:

"Más tú cuando ores, entra en tu aposento, y cerrada la puerta, ora a tú Padre que está en secreto; y tú Padre que ve en lo secreto; te recompensará en público". Mateo 6:6

Esa misma madrugada, como a las 3:30 am, fui visitado por el Señor en mi habitación. En mi sueño, me vi acercándome a un Anciano de cabellos y vestiduras blancas y sobre sus faldas tenía el mapa de Sur América. Al acercarme mi mirada se concentró en el mapa mientras escuché su voz que me dijo: ***"Mí siervo, por aquí tienes que ir a testificar lo que he hecho en tú vida"***.

Mientras escuchaba sus palabras, me señalaba con su dedo una línea marcada de arriba a abajo por el centro del mapa que me hizo comprender que mi llamado era para toda Sur América.
En la visión, me vi predicando desde una tarima frente a una gran multitud de personas. Me pude ver dando testimonio de la

experiencia que había tenido aquella gloriosa mañana del lunes 29 de junio de 1981.

Luego veo cuando el evangelista Yiye Ávila acercándose a mí y sonriéndose, me abraza y echando sus brazos sobre mis hombros me lleva a un hogar donde me iban a hospedar en Sur América. En ese momento desperté del sueño sintiendo la presencia del Espíritu Santo corriendo como ríos de agua viva por todo mi ser dándome testimonio de la visión y mi llamado a predicar a Sur América donde Dios utilizaría a su siervo Yiye Ávila como el instrumento para hacerlo realidad.

Al despertar sentía mi habitación y todo mi ser lleno de la presencia del Señor. Sentía el Espíritu Santo como Ríos de Aguas Vivas que me hacían hablar en lenguas que fluían por mi boca que jamás había hablado. ¡Aleluya!

Ahora despierto en mi habitación, disfrutando en mi mente la experiencia y el privilegio de haber visto y estado al lado de ese Anciano de cabellos blancos quien no es otro sino el mismo Señor y Altísimo Dios Todopoderoso, teniendo la segura convicción del llamado que me acababa de hacer, la duda quería tratar de imponerse en mi mente, pero mi espíritu y mi alma habían sido marcados con la veracidad del testimonio del Espíritu Santo.

Apenas llevaba un año de convertido al Señor. Humanamente lo veía imposible. Pensaba *¡Yo; con Yiye Ávila por Sur América!* Pero la veracidad de la experiencia con el Señor me hacía pensar que sería posible, era ahora cuestión de esperar a que llegara el momento de Dios.

En la mañana de ese mismo día, cuando le comencé a contar a mis padres la experiencia, el Espíritu Santo se derramó sobre ellos dándoles a ellos testimonio de lo acontecido. Para aquél entonces, yo no conocía personalmente a Yiye, pero como ahora vivía en Hatillo, que es un pueblo vecino de Camuy, el pueblo dónde él reside y están las Oficinas del Ministerio Cristo Viene, lo frecuentaba con regularidad. Iba a orar de madrugada al salón de oración y participaba de los cultos que en las mañanas realizaban el Escuadrón.

¡Qué privilegio! Me decía para mí mismo. Estos hermanos trabajando en este Ministerio con este Varón de Dios. Recuerdo que me ponía a contemplar la pizarra donde se llevaba el itinerario de las Campañas de Yiye y la cantidad de almas ganadas en las mismas.

Leía los nombres de las Repúblicas de Sur América donde Yiye había predicado, el total de almas ganadas y los países que estaban en agenda donde serían las próximas Campañas.

Contemplaba las fotos de los que habían sido sanados, de los milagros que Dios había realizado y de las multitudes me transportaban a mi revelación. Orando a Dios le decía "Señor, ¿cuándo?".

El nuevo año 1982 hacía su entrada y yo estaba desempleado. Mi padre, quien tenía buenas conexiones para que yo encontrara un trabajo, me llevó a visitar a un viejo amigo de él, quien era el Jefe de Personal de una Farmacéutica en Barceloneta, Puerto Rico.

Luego de entregarle mi resume, apadrinado por mi padre quien era para él un buen amigo del pasado, era cuestión de esperar su llamada telefónica para comenzar a trabajar. Mientras lo escuché decirme; "yo te llamo para que empieces a trabajar de inmediato", en mi interior pensaba en mi llamado a Sur América. En cierta forma, sentía que no era la voluntad del Señor que trabajara en esa fábrica, pero quizás la necesidad me llevaba a buscar un empleo.

Regresando a casa, mi madre me dijo: *"Ora, y pregúntale al Señor si es Su voluntad"*. Algo en mi interior me decía que no trabajaría en ese lugar. Pensaba en el salario que podría ganar, pues era la fábrica que mejor pagaba en aquellos días y muchos querían trabajar ahí. Pero dentro de mí, no me veía trabajando en ese lugar, aun cuando el Jefe de Personal había hecho el compromiso de reclutarme en los próximos días.

Como todavía estaba desempleado, visitaba el Ministerio Cristo Viene con frecuencia y había comenzado a relacionarme con los miembros del Escuadrón, aunque a ninguno le había manifestado el sueño que había tenido de parte de Dios. Uno de esos días mientras conversaba con la hermana Gloria Velázquez, quien era la secretaria de Yiye, comencé a contarle el sueño que había tenido.

En ese momento mientras le narraba mi experiencia ella exclamó: *"Muchacho, tú tienes un llamado al Ministerio"*. La fiel y confirmadora presencia del Espíritu Santo no faltó en nuestra conversación. Gloria me dijo: *"Escribe la experiencia que yo la meteré por debajo de la puerta a Yiye que está encerrado en su oficina en ayuno y oración"*.

Inmediatamente eso hice. Escribí la revelación de mi sueño, se la entregué en las manos a Gloria y me fui también yo en ayuno y oración. Para ese entonces la casita de ayuno donde se reunía el Escuadrón y Yiye a orar en los comienzos del Ministerio, ahora se utilizaba para todo aquél que deseaba retirarse en ayuno y oración, cosa que hice de inmediato, le entregué en las manos el escrito y me fue a la casita en un ayuno de tres días.

Ese día cuando entré por las puertas de aquella ungida casa de oración, caí de rodillas y comencé a orar para que Dios dirigiera mis pasos. Estaba en espera de recibir una llamada telefónica para un buen trabajo seguro y ahora el acercamiento al Varón de Dios que había visto en mis sueños sería el instrumento para las puertas de Sur América fueran abiertas. De rodillas mientras meditaba en cual sería mi destino, me fijé que en la pared de la sala había un cuadro con la siguiente declaración:

"Quién es el hombre que teme a Jehová, Él le mostrará el camino que ha de escoger". Salmo 25:12

Señor, he venido a ti y nada ha sucedido

La tan segura llamada del jefe de personal buen amigo de Papi, nunca llegó. Al finalizar tres días de ayunos en la casita, me comunicó la hermana Gloria que Yiye quería hablar conmigo. Yo estaba sumamente nervioso y emocionado a la misma vez pues iba a sentarme con el varón de Dios que el anciano de cabellos blancos me había señalado para el llamado a predicar en Sur América.

Sentado en la sala de espera de la Oficina de Yiye, me sentía sumamente emocionado esperando a que me llamaran. Contemplaba la cantidad de placas, fotos de campañas y tantos recuerdos de sus victorias que adornan las paredes de la sala de espera.

El mapa de Sur América tallado en un pergamino de cuero recuerdo de las campañas en Argentina me aceleraban las palpitaciones del corazón. Mi sueño estaba por cumplirse, en pocos instantes estaría conociendo personalmente a este Príncipe de Dios.

Luego de una emocionante espera, Gloria se acercó y me llamó para escoltarme hasta su oficina personal. *"Hno. Yiye, este es Toño". "Dios te bendiga mijito".* Contemplaba a Yiye mientras él buscaba en su escritorio el escrito del sueño que había tenido.

Los latidos del corazón continuaban su acelerada marcha mientras él me preguntó por la experiencia que había tenido. El poniendo en su cara un rostro de atención, comencé a narrarle mi sueño. Yiye es un hombre que nunca se mueve a tomar una decisión sin antes haber orado al Señor por ello. Y aunque yo en ese momento tenía la seguridad de mi llamado al Ministerio, él luego de haberme escuchado me dijo:

Señor, he venido a ti y nada ha sucedido

"Aquí todos los que son llamados a trabajar en el Ministerio son voluntarios, no reciben sueldo. Se les da una ofrenda para ayudar en sus necesidades, pero eso no es un sueldo. Vas a estar tres meses a prueba mientras yo estaré orando para que Dios me confirme tú llamado". Luego de eso, si el Señor me confirma, serás Miembro del Escuadrón. La ofrenda que se te asigna es de $65 dólares semanales. Recibo mucha correspondencia y quiero que me ayudes en esa área. Mi esposa te enseñará lo que tienes que hacer.

Estarás trabajando con la correspondencia del Ministerio en la India, el Ministerio Radial y Pacto Victoria. Tu horario de trabajo es de 8:00 de la mañana a 5:00 de la tarde de lunes a viernes. Deberás de venir por lo menos tres días a la semana de madrugada a orar en el Salón de Oración del Ministerio y los miércoles en la noche al culto de oración. También tienes que participar de la cadena de ayuno donde tenemos dos habitaciones para ese propósito. Son ayunos de 24 horas, pero si sientes seguir en ayuno, no tienes que ir al trabajo que se te asigna, sino que continúas el ayuno hasta que el Señor te dirija. Es importante que

Señor, he venido a ti y nada ha sucedido

ores por todas las Cruzadas que tenemos en agenda y para que Dios se glorifique en ellas."

Aunque me esperaban tres meses de prueba, ya estaba en el Ministerio trabajando donde sabía que era la voluntad del Señor. Luego de aquella reunión, en la tarde estaría reunido con todo el Escuadrón Cristo Viene y Yiye nos estaría presentando oficialmente al grupo. Que emoción, que gozo inefable sentía, ser parte de un Ministerio utilizado por Dios en estos últimos días de manera especial. Es un privilegio que Dios me ha concedido del cual viviré toda mi vida agradecido del Señor.

En la tarde estaría participando de la reunión mensual de Yiye con su Escuadrón. Esto es una reunión muy particular, pues es con su equipo de trabajo a los cuales yo veía como ángeles cuando visitaba el Ministerio. Los contemplaba y veía sus rostros resplandecientes y llenos de la presencia del Espíritu Santo.

Que privilegio tienen esos hermanos de ser parte de este Ministerio. Y ahora yo estaba en medio de ellos siendo partícipes de su bendición. Yiye hizo su entrada donde estaba todo el Escuadrón reunido.

Luego de saludar a cada uno hizo una oración por la reunión que comenzaba. En las reuniones nos alentaba a cada uno a dar el máximo para el Señor. Nos recordaba que la unción de milagros que estaba sobre él también estaba sobre cada uno de los miembros del Escuadrón. Compartía los testimonios que en la reciente Campaña Dios había realizado.

La unción del Espíritu Santo se manifestaba en cada reunión de una manera sobrenatural. Luego nos presentó a los nuevos integrantes del Escuadrón que hacíamos nuestro ingreso. Y finalmente nos ungió con aceite reclamando que la misma unción que se movía en él, Dios la manifestara a través de cada miembro del Escuadrón.

Señor, he venido a ti y nada ha sucedido

Nos advertía que cada miembro del Escuadrón debía de no descuidarse en la oración y el ayuno, pues el enemigo nos atacaría. Así como nosotros conquistamos victoria en las Campañas arrebatándole las almas al enemigo, él no se quedaría con los brazos cruzados. Formar parte de un Ministerio o una Iglesia es ser parte del ejército del Señor. Como ejército, estamos en guerra espiritual contra huestes espirituales de maldad en las regiones celestes, contra potestades de las tinieblas que se oponen a la obra de nuestro Dios.

Era glorioso ver como el Espíritu Santo se movía en cada una de nuestras reuniones con el Siervo de Dios. Como el Señor confirmaba con Su Presencia cada vez que Yiye nos comunicaba los nuevos proyectos del Ministerio, revelaciones y mensajes que recibía de parte de Dios. Considero que haber sido llamado a formar parte del Ministerio Cristo Viene fue para mí como ingresar a una Escuela Intensiva donde Dios me haría madurar espiritualmente. Vivo eternamente agradecido del Señor por haberme concedido este inmerecido privilegio.

Señor, he venido a ti y nada ha sucedido

Con mis compañeros del Escuadrón Cristo Viene. Arriba, segundo a la derecha en la tercera fila. Abajo, primero de la izquierda en la tercera fila.

Señor, he venido a ti y nada ha sucedido

Hna. Gloria Velázquez

Yiye transmitiendo la Cadena de Radio del medio día desde su oficina en Puerto Rico.

Señor, he venido a ti y nada ha sucedido

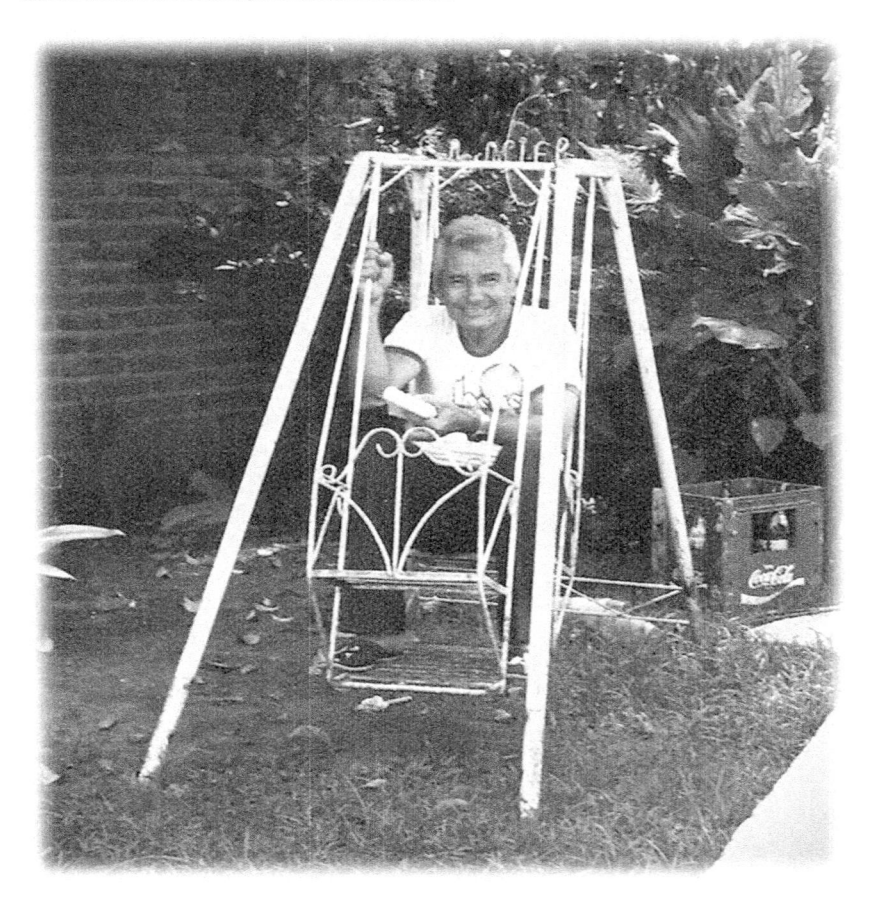

En el patio del hogar de Laura Figueras donde nos hospedamos en Buenos Aires Argentina estaba este pequeño columpio que Yiye como un niño se sentó en el mientras estaba en un periodo de oración. En un momento que salí al patio le tomé esta foto de manera sorpresiva. 1985, Buenos Aires, Argentina

Capítulo 6
MIEMBRO DEL ESCUADRÓN CRISTO VIENE

Pasada esa reunión de bienvenida el primer día de trabajo, Yeya, como cariñosamente le llaman a la esposa de Yiye, me ubicó para que contestara la correspondencia del Ministerio de la India. Juntamente en esa oficina estaba la Librería del Ministerio la que era atendida por la hermana Lydia Medina, quien ya partió con el Señor.

Lydia, ese primer día de trabajo, me obsequió un llavero recordatorio de una de las Cruzadas en Sur América, sin saber ella al darme aquel llavero, era el Señor confirmando mi ingreso al Ministerio Cristo Viene.

El llavero era en una pieza pequeña de madera redonda que en el centro tenía grabado el mapa de Sur América y en el borde leía: Asociación Evangelística Cristo Viene - Evangelista Yiye Ávila. No fue casualidad que Lydia me obsequiara ese llavero. El Señor usa a veces cosas que parecen insignificantes para confirmar nuestro llamado.

"LA ESPERANZA QUE SE DEMORA ES TORMENTO DEL CORAZÓN; PERO ÁRBOL DE VIDA ES EL DESEO CUMPLIDO" **PROVERBIOS 13:12**

Transcurrido el tiempo de prueba, fui aceptado como Miembro Oficial del Escuadrón Cristo Viene. Haber recibido la Credencial del Ministerio me hizo sentir sumamente bendecido por el Señor. Estaba donde el Señor me había revelado. Ahora era miembro del Escuadrón de Yiye Ávila, lo que me llenaba de orgullo. Era el lugar donde el Señor me había llamado.

Señor, he venido a ti y nada ha sucedido

Era cuestión ahora de esperar. Pero mientras esperaba pacientemente por ese día en que Yiye me dijera algo así como; estaba orando y Dios me dijo que te llevara conmigo a las Cruzadas de Sur América, algo así. Sin embargo, así no sucedió.

De hecho, la próxima salida de Yiye luego de yo haber ingresado al Ministerio era para realizar una Campaña en Bolivia. Mentalmente estaba esperando ser incluido en ese viaje, aunque apenas llevaba semanas de haber ingresado al Ministerio, pero no sucedió. Yiye salió con el grupo que prácticamente lo acompañaba a todas las Cruzadas. Siempre él se llevaba a alguien adicional del grupo que comúnmente lo acompañaba, pero ese no fui yo.

En aquel tiempo, Yiye predicaba dos meses continuos en una misma República lo que para mí resultaba ser fascinante. Aunque el grupo que se iba trabajaba hasta el agotamiento, para mí sería un deleite, pues era ir a los lugares que el Anciano de cabellos blancos me había señalado que debería ir a predicar.

Que duro y difícil es no reconocer que aún no es el tiempo. Por lo general nos desesperamos y desanimamos porque queremos hacer las cosas en nuestro tiempo, pues no nos gusta esperar.

Creo que no sólo a mí me sucede, sino quizás a ti también amigo lector, no nos gusta esperar en la fila para ser atendidos, nos desesperamos en los tapones que se forman cuando el transito está pesado, donde quiera que tengamos que esperar por otro, nos desespera. ¡Cuánto más, esperar en el Señor porque se realice aquella promesa que una vez nos hizo! Ya lo dijo el sabio Salomón:

"La esperanza que se demora, es tormento del corazón..."
Ese es el tiempo cuando estamos en el proceso de Dios. Estamos en la escuelita aprendiendo y desarrollando nuestras capacidades para ser usadas por el Señor. Estando en el Ministerio abriendo cientos de cartas diarias, leyendo un sin número de problemas de

hermanos que escriben de distintas partes del mundo buscando un consejo, una palabra alentadora o una oración de fe por sanidad o problemas, pasaba los días de mi nuevo trabajo en la obra del Señor.

Algo que siempre Yiye nos decía en las reuniones con el Escuadrón era que la unción que estaba sobre él también estaba sobre cada uno de nosotros. Y esto lo vivíamos a diario, fuera por teléfono ministrando a una persona que pedía la oración en el momento, o por medio de las cartas que se les contestaba. Cada vez que lo hacía podía experimentar una unción que me inspiraba al responder.

Se acostumbraba a utilizar una carta circular redactada por Yiye la cual, aunque era utilizada mensualmente para todos los que escribían, sin embargo, se leían cada carta y se les escribía con puño y letra el consejo individual y personal según la necesidad. La inspiración divina al contestar esas cartas era una experiencia de a diario. El Espíritu Santo nos daba citas bíblicas mientras escribíamos las que eran de bendición al remitente.

Luego recibíamos testimonios de esa oración hecha en común acuerdo con el que llamaba o de esa carta por la cual también se oraba diariamente para que fuera de bendición y supliera la necesidad con el consejo dado. La presencia del Espíritu Santo no faltaba en manifestarse haciendo su obra de glorificar al Hijo.

En verdad, este trabajo no era lo que de inmediato esperaba se me asignara al ingresar al Ministerio, pero ahora comprendo que estaba en la Escuela del Señor aprendiendo y desarrollándome para lo que vendría. Haciendo esta labor día a día, sin darme cuenta, estaba siendo capacitado en la consejería. Pues para predicar y enseñar en público, se debe ir preparado y capacitado en la Palabra del Señor. En muchas ocasiones, cuando llegaban problemas graves o solicitaban consejo en situaciones delicadas, los demás compañeros discutíamos el problema y lográbamos una respuesta adecuada a la necesidad. Durante esas discusiones

Señor, he venido a ti y nada ha sucedido

también se podía sentir al Señor dándonos sabiduría y entendimiento para responder con palabras sanadoras y llenas de fe.

Estando en el Ministerio ya como miembro del Escuadrón, se comenzaron a abrir las puertas para la predicación. Pastores y líderes de las Iglesias se comunicaban al Ministerio en busca de predicadores, lo que me permitió comenzar a visitar muchas Iglesias por todo Puerto Rico predicando la Palabra del Señor y llevando mi testimonio. Esto era parte del Plan Divino para mi vida en el Ministerio, pero yo anhelaba ir ya a Sur América.

Durante los primeros tres años de estar en el Ministerio me mantenía predicando en Iglesias en todo Puerto Rico. Me sentía satisfecho espiritualmente hablando, pues era presentado como Evangelista del Ministerio Cristo Viene y esto a la verdad me hacía sentir privilegiado y a la vez más responsable con la predicación.

A pesar de toda esa gloria, cierto sentimiento de insatisfacción me inundaba luego de predicar mi testimonio en las Iglesias, especialmente cuando narraba la revelación del Anciano de cabellos blancos, pues aún no había salido a ningún viaje a Sur América y ya llevaba tres años con Yiye en el Ministerio.

Esto se fue convirtiendo como lo expresado en el Salmo 42 que dice: *"Fueron mis lágrimas mi pan de día y de noche... ¿Por qué te abates, oh alma mía, y te turbas dentro de mí? Espera en Dios; porque aún he de alabarle, Salvación mía y Dios mío."*

Era como predicar un testimonio incompleto pues, aunque estaba en el Ministerio, aún faltaba el cumplimiento de Sur América. Confieso que esos primeros años en el Ministerio, conociendo de antemano el itinerario de las Campañas y de las Repúblicas de Sur América que Yiye estaría visitando, sentía la expectativa de ser incluido en el grupo e incertidumbre al acercarse la fecha de salida y no recibir la confirmación de Yiye que el Señor le indicara que yo sería uno de los que lo acompañaría.

Todos estos sentimientos me llevaban a la depresión, esto era, como lo expresó Salomón: "un tormento en el corazón". Entendía que todavía no era mi tiempo, aunque era inevitable que por los próximos días me sintiera triste y deprimido. Finalmente me animaba recordando la revelación de mi llamado.

Esto me fortalecía, pues sabía que había sido cierta mi experiencia con el Señor y Él es Fiel y Verdadero. Esperar en el Señor sintiéndose desesperado a que cumpla sus promesas, es tormento y sufrimiento del alma. Por eso, debemos de aprender lo que significa "resignación". El Salmo 40 dice:

"Pacientemente esperé a Jehová, y se inclinó a mí, y oyó mi clamor. Y me hizo sacar del pozo de la desesperación, del lodo cenagoso; puso mis pies sobre peña, y enderezó mis pasos. Puso luego en mi boca cántico nuevo, alabanza a nuestro dios. Verán esto muchos y temerán, y confiarán en Jehová. Bienaventurado el hombre que puso en Jehová su confianza, y no mira a los soberbios, ni a los que se desvían tras la mentira."

Pero la palabra pacientemente en la versión antigua de la Biblia es más consoladora, pues dice; *"Resignadamente"*. Que significa "sumisión paciente" y esto es algo que todos como cristianos debemos comprender. Como siervos de Dios que somos, el siervo debe ser "sumiso" a Su Señor, dispuesto a sufrir, esperar en Él, aunque las cosas no necesariamente estén como queremos que estén. Es ahí cuando somos probados como siervos de Dios.

Capítulo 7
AMOR A PUERTAS ABIERTAS

En la Iglesia Asamblea de Dios de Hatillo conocí a Marisol. Una hermosa esbelta joven de ojos grandes castaños, su pelo largo le llegaba a la cintura, era maestra de niños en la Escuela dominical. Desde el primer día que nuestras miradas se cruzaron, quedamos unidos en amor.

El 17 de marzo de 1984, luego de un breve noviazgo de seis meses, unimos nuestras vidas en matrimonio. Mary y yo nos enamoramos a primera vista desde el primer día que nos conocimos. Fueron solo seis meses de noviazgo. Solía hablar con ella dos y tres horas por teléfono público. En esos días con solo .10 centavos desde un teléfono público se hablaba hasta que se quería terminar la conversación.

Hoy (año 2020) gracias al Señor, cumplimos 36 años de casados. Dios nos ha bendecido dándonos dos niñas preciosas Soraima y Tehillim. Juntos hemos reído y también hemos llorado. Sabemos lo que son tiempos de abundancia y de estreché económica.

En los días de recién casados, Marisol tuvo un sueño que en ese momento no entendíamos. Ella veía en sueños un letrero que decía; AMOR A PUERTAS ABIERTAS.

Alrededor de esas palabras veía muchas caritas de niños. Al despertar sintió que era una revelación de Dios, sin embargo, no había recibido ninguna instrucción. Creímos que el significado de ese sueño era en un hogar para niños. La verdad es que en ese momento no le dimos importancia, pues tenía la mirada puesta en Sur América y no me llamaba la atención trabajar un albergue de niños. Marisol era maestra de Escuela Bíblica y la idea de un hogar para niños le atraía. Me había entregado por completo a la predicación del evangelio.

Pronto estaría incorporando en el Departamento de Estado el "Ministerio Evangelístico Jesús me Libertó". Esto lo hice, no porque tuviera un sueño donde fuera guiado por el Espíritu Santo, sino por el sincero deseo de servir al Señor.

Predicaba donde quiera se me abriera una puerta, no importando la distancia, nunca decía que no a una invitación. Comencé a predicar solo por las plazas de los pueblos con unos altoparlantes que había comprado y repartía tratados con mi testimonio impreso.

Al año de estar casado, Marisol me dio la grata noticia de que estaba embarazada. Que más podía pedir. Estaba predicando por todas partes, era Miembro del Ministerio Cristo Viene y ahora sería padre por primera vez.

¡Gracias Señor por esta bendición que me concedes! "Señor, tú que has sido tan bueno conmigo te quiero hacer una petición especial. Te pido que sea una niña rubia, con ojos azules y que su nacimiento sea el mismo día de nuestro aniversario de bodas como un regalo tuyo para nosotros".

Esa petición se la hice al Señor luego de saber que Mary estaba embarazada. Siempre que oraba, le recordaba al Señor mi petición y se lo proclamé a ella. Sonaba como una petición absurda la mía, sin embargo, mi petición la había hecho con mucha sinceridad y creyendo que lo recibiría.

Se acercaba el día de nuestro Aniversario de Bodas (17 de marzo) y oraba. Cuando llegó el mes de marzo estaba en expectativa según se acercaba el día. Marisol en una de sus visitas de rutina al doctor le preguntó si deseaba saber el sexo de la criatura, pero ella no quiso.

Señor, he venido a ti y nada ha sucedido

Finalmente, cuando entramos en la recta final, la semana donde celebraríamos nuestro aniversario de bodas, pasaron las 24 horas del 17 de marzo sin dolores de parto.

Hasta ahí mi oración por esa petición. Luego de ocho días, el 25 de marzo de 1985 nació una rubia de ojos azules a la que llamamos Soraima Jireh. Toda mi petición excepto el día del nacimiento nos fue concedida por el Señor. Hoy mi bebé es una hermosa joven de 35 años y muy activa en la Iglesia Asamblea de Dios de Hatillo de la cual somos miembros. ¡Gloria al Señor!

Al siguiente año, nuevamente Marisol me da la buena nueva que estaba embarazada. En honor a la verdad lo digo, pues así sucedió. Esta vez no le pedí al Señor que fuera niña rubia de ojos azules ni que naciera el día de nuestro aniversario. Creo que ni siquiera lo pensé.

Y hasta se me había olvidado qué una vez había hecho tal petición al Señor. ¡Ah, pero que complaciente y maravilloso es el Señor! El 17 de marzo de 1987 Marisol dio a luz nuestra segunda hija, otra rubita con ojos azules verdosos, el mismo día de nuestro Aniversario de Bodas. Él no se olvidó de mi petición. ¡ALELUYA!

Increíble pero cierto. Así que el mes de marzo es un mes donde debo comprar tres regalos, el cumpleaños de nuestras hijas y el de Aniversario de Bodas. Quizás para muchas personas no represente nada importante que los haga saltar de la alegría, sin embargo, para nosotros significa una gran demostración de un Dios personal y amoroso que se complace en contestar nuestras oraciones.

Es para mí otra confirmación de que Dios escucha y responde a nuestras peticiones. Siendo el Universo tan grande, Dios se digna de inclinar su oído para escuchar la oración de un simple hombre lleno de imperfecciones, ¡Que tremendo es Dios!

Señor, he venido a ti y nada ha sucedido

Quizás en este momento usted está sintiendo el deseo de detener la lectura de mi libro para tirarse de rodillas a orar, por una petición especial, aproveche la unción y derrame su corazón delante del Señor. ¡El no fallará en responderle!

Este testimonio para mí significa tanto. Pues el Señor se demuestra tan personal con aquellos que le aman y lo buscan. El escucha en silencio nuestras oraciones. Y me lo imagino riendo al ver nuestro gozo cumplido por una oración contestada. Jesús dijo: *"Pedid; y recibiréis, para que vuestro gozo sea cumplido"*.
Juan 16:24

El gozo que se siente es inefable. En un mundo lleno de millones de millones de personas, que Él se digne a escuchar mi simple oración de fe, me hace exclamar las mismas palabras del escritor inspirado:

¿Qué es el hombre, para que te acuerdes de él, o el hijo del hombre, para que lo visites? Le hiciste un poco menor que los ángeles, le coronaste de gloria y de honra, le pusiste sobre las obras de tus manos; Todo lo sujetaste bajo sus pies".
Hebreos 1:6-8

¿Quiénes somos Señor para merecer tantos favores y misericordias? ¡Señor, gracias por tu amor y por tu misericordia!

Señor, he venido a ti y nada ha sucedido

Recuerdos de Nuestra Boda
17 de marzo de 1984

Señor, he venido a ti y nada ha sucedido

Soraima y Tehillím

Señor, he venido a ti y nada ha sucedido

Tehillím, Marisol y Soraima

Segundo viaje Haití. Marisol es sus seis meses de embarazo de nuestra primera hija Soraima Jireh.

Señor, he venido a ti y nada ha sucedido

Capítulo 8
HAITÍ PRIMER VIAJE MISIONERO

Fueron en esos primeros días de haber ingresado al Ministerio Cristo Viene que conocí a la Misionera de la Iglesia de Dios Pentecostal MI de Camuy, Alejita Tavares. Ella realiza cada año dos viajes misioneros a la República de Haití donde apoya varios orfelinatos llevando ayuda económica, ropas, zapatos y comida.

Enlistándome en su grupo, comencé a visitar esta vecina República de Haití saturada de pobreza extrema. En ocho viajes misioneros que hice a Haití y siempre el país no parecía sufrir cambios de progreso. Durante el segundo viaje a Haití, Marisol me acompañó teniendo 6 meses de embarazo de nuestra primera hija Soraima Jireh.

En Haití hice muy buena amistad con el pastor haitiano Rev. Luciano Salomón, quien ya descansa en los brazos del Señor. Salomón era mí interprete favorito, pues me interpretaba con el mismo fervor y unción que yo predicaba el mensaje.

Salomón tradujo del español al "Creole" (dialecto derribado del francés) mi tratado con mi testimonio "Jesús me Libertó" del cual se imprimieron 10,000 copias que luego distribuimos en las Campañas y actividades en Haití.

Había adoptado esta necesitada República y me llenaba de gozo trabajar en esa obra misionera, pero mi corazón ardía por Sur América. ¿Cuándo Señor, cuándo? Era mi continúa oración. Estando en uno de esos viajes misioneros en Haití, una noche tuve un sueño con Yiye. En mi sueño, pude ver a Yiye que vestía una camiseta en la que tenía el mapa de Haití en su pecho. A los pocos meses del sueño, Yiye estaba en Haití realizando su primera

Señor, he venido a ti y nada ha sucedido

Campaña Evangelística en esa República. Solo mi amada amiga en el dolor y fiel esposa sabe cuánto sufrí la espera del cumplimiento de mi llamado a Sur América.

Ella me animaba siempre con palabra de aliento cada vez que Yiye salía de Puerto Rico. Que extraño: hoy, si pudiera retroceder el tiempo, quizás hubiera tomado con más paciencia el asunto, pues he aprendido que ciertamente cuando el Señor hace una promesa en particular, la cumple. Lo que te ha dicho que hará con tú vida, espéralo porque sucederá.

En la espera, no te desanimes si el Señor está en silencio. Estás ansioso orando y cuestionando al Señor ¿qué pasa con lo que me hablaste? Fuiste tú el que me hizo el llamado y estoy dispuesto, quiero hacer lo que me encomendaste, pero no se abren las puertas. Tú sabes Señor lo que hay en mi corazón, mi anhelo y mi sincero sentir lo conoces.

¿Qué pasa Señor? Si hay algo en mí que debes quitar; dime qué. Pero tú Señor callas y no me respondes, estas en silencio. Me consumo llorando de madrugadas buscando tú rostro, mi garganta me duele de tanto gemir. ¿Cuándo Señor? Los días más amargos durante la espera del cumplimiento fueron aquellos cuando se aproximaba la fecha de partida para una de las Campañas en alguna República de Sur América donde finalmente Yiye partía y yo me quedaba. Es fácil decirle a otro; "Espera en el tiempo del Señor", que difícil es esperar.

Por lo general, durante la espera no te sorprendas de los días de pruebas y sufrimientos que te vendrán. Recuerda esto; te están moldeando, estás en la rueda de Alfarero dando vueltas y recibiendo forma como vaso. En ocasiones, te romperá en sus manos, te hará pedazos, llorarás de dolor y pensarás que todo acabó, que no estás capacitado para la misión.

Te rendirás y sentirás que no podrás alcanzar tú promesa profetizada. Quebrantará tú espiritualidad y perfección religiosa,

Señor, he venido a ti y nada ha sucedido

para que entiendas lo frágil que eres e inconstante. Después de días de glorias vividas, te espera el desierto. En ese desierto, beberás agua de Su oasis y seguirás adelante, no por tus fuerzas, sino porque Él te sostiene y te conduce al destino que te ha señalado.

Y cuándo menos tú lo esperas, llegará la bendición, el deseo de tu corazón cumplido, esa promesa bendita que te hizo el Señor, esa petición que por años ha esperado con "resignación". Y cuando esto sucede, mi querido compañero lector, todas aquellas lágrimas que derramaste durante el proceso de tu espera, se convertirán en más gozo y alegría recordarlas. ¡Así es y así será en tú vida!

Si al igual que yo, usted que lee mi historia se encuentra en el desierto de la espera, que bueno que llegó este libro a sus manos, abra sus ojos, este es el oasis que el Señor le ha enviado para animarlo. Descansa debajo de la palmera y bebe del agua que destilan las palabras de mi experiencia, porque para ti fueron escritas.

Mientras te veo llorar me veo a mi mismo atravesando por mi desierto. Me siento que estoy a tú lado y cree; yo sé cómo te sientes. No quiero sonar ahora como un súper hombre espiritual diciendo que no llores, todo saldrá bien. ¡No! Si sientes llorar; llora. Si sientes reír; ríe. Se tú mismo con el Señor. Vive, conquista y disfruta tú propia experiencia. Espero que no olvides esto. A pesar de lo oscura que pueda ser tu noche que te impida verlo o si al caminar por el desierto conoces a la amiga soledad, no te desanimes, la realidad es que Él está a tú lado, en silencio, pero trabajando especialmente para ti.

"Palabra de Jehová que vino a Jeremías, diciendo: Levántate y vete a casa del alfarero y allí te haré oír mis palabras. Y descendí a casa del alfarero, y he aquí que él trabajaba en la rueda. Y la vasija de barro que él hacía se echó a perder en su mano, y volvió y la hizo otra vasija, según le pareció mejor hacerla. Entonces vino a mí palabra de Jehová, diciendo: ¿No podré yo hacer de

vosotros como este alfarero, oh casa de Israel? Dice Jehová. He aquí como el barro en la mano del alfarero, así sois vosotros en mi mano, oh casa de Israel". Jeremías 18:1-6

¿Nunca has pasado por el proceso de romperte en pedazos aun estando en sus propias manos? Luego de haber experimentado la gloria de la victoria; ¿estás detenido sintiendo el fracaso como producto de un error en el camino?

No te perdonas porque sientes que esto que te ha sucedido no estaba en tus planes ya que ahora habías conocido al Señor y jamás harías algo que no fuera solo Su voluntad. Si sientes que tus sentimientos han quedado al descubierto; ¡Bienvenido al taller del Alfarero!

"Palabra de Jehová que vino a Jeremías, diciendo: Levántate y vete a casa del alfarero, y allí te haré oír mis palabras. Y descendí a casa del alfarero, y he aquí que él trabajaba sobre la rueda. Y la vasija de barro que él hacía se echó a perder en su mano; y volvió y la hizo otra vasija, según le pareció mejor hacerla.

Entonces vino a mí palabra de Jehová, diciendo: *¿No podré Yo hacer de vosotros como este alfarero, oh casa de Israel? Dice Jehová. He aquí, que como el barro en la mano del alfarero, así sois vosotros en mi mano, oh casa de Israel. En un instante hablaré contra pueblos y contra reinos, para arrancar, y derribar, y destruir. Pero si esos pueblos se convirtieren de su maldad contra la cual hablé, yo me arrepentiré del mal que había pensado hacerles, y en un instante hablaré de la gente y del reino, para edificar y para plantar."* Jeremías 18:1-9

Capítulo 9
"ARGENTINA TE LLAMA"

Eran casi las seis de la mañana. El periodo de oración en el Salón del Ministerio estaba por concluir. Yiye saldría para el aeropuerto rumbo a Bolivia. Mi alma se había derramado en llanto durante la primera hora de oración.

Ya casi por finalizar el periodo de oración a las seis de esa gloriosa mañana, continuaba de rodillas en una de las sillas, en un rinconcito del cual había hecho mi muro de lamentaciones. De repente, siento que alguien se me acerca y pone sus manos sobre mis espaldas mientras lo escuchaba orar en lenguas que reconocí era Yiye. Miré con el rabito del ojo para confirmar que era efectivamente Yiye.

Cuando puso sus manos sobre mi espalda, la hermosa e inconfundible presencia del Espíritu Santo cayó sobre mí como una fresca y suave lluvia que empapaba todo mi cuerpo. Luego de hacer una breve pausa, acercando su boca a mi oído me gritó en el Espíritu: *"ARGENTINA TE LLAMA"*.

¡Oh Gloria a Dios, gracias Señor, gracias Señor, gracias mi Dios, Aleluya!

¿Se imaginas cómo me sentía? Lloraba de alegría y de gozo. Así estuve creo que por otra hora más. Dándole gracias a mi Señor porque por fin había llegado mi tiempo para ir a Sur América.

Argentina sería la próxima República que Yiye iba a dar su Cruzada luego de regresar de Bolivia y yo en ese momento estaba siendo confirmado para acompañarlo. Qué alegría, que gozo cuando regresé a casa y le digo a Marisol lo sucedido, cuanta alegría compartimos. Ella sintió quizás mucha más alegría que yo, pues sabía cuánto anhelaba ese momento.

Señor, he venido a ti y nada ha sucedido

El 10 de enero de 1986 fue mi primera salida con Yiye a Sur América hasta el 3 de marzo que regresamos. Que bendición, que privilegio, que aventura la que me esperaba. La ruta aérea fue de Puerto Rico a Colombia donde pernoctamos para la siguiente mañana continuar el vuelo de Colombia con escala a Chile y finalmente aterrizando en Buenos Aires Argentina. Al siguiente día volaríamos a la Provincia de Formosa donde sería la primera Campaña.

El vuelo de Colombia a Chile fue uno que pareciera que nunca llegaría a su destino. Cuando volábamos por la Cordillera de Los Andes el avión comenzó a bajar precipitadamente. Eran unos vacíos horribles los que se sentían. Los aviones en su vuelo normal vuelan en un nivel, pero cuando estos vacíos comenzaron a estremecer el avión, la nariz del avión iba inclinada hacia abajo. Un carro de la camarera comenzó a rodar solo.

Las azafatas detrás del carro trataban de detenerlo. Algunas bandejas y vasos cayeron en las faldas de pasajeros. Las luces de alertas para abrocharse los cinturones prendieron. Las azafatas también se sentaban en sus asientos.

Yo mientras miraba a Yiye me agarraba de mi asiento. Estaba pálido como una hoja de papel. Mientras me animaba Yiye con una sonrisa en su rostro y exclamaba su grito de victoria: ¡Gloria a Dios!

Me sonreía, pero atemorizado. Oraba al Señor y le decía: "Señor, este avión no se puede estrellar. Yo voy aquí con tú Siervo Yiye a esta tierra donde me has llamado". Pensando en mi llamado y con mí estómago revuelto me tranquilizaba mentalmente, aunque los bajones y movimientos abruptos que daba el avión me mantenían tenso.

Este sería uno de mis peores vuelos que causarían en mí fobia a los aviones. Esa experiencia fue motivo para que Yiye siempre bromeara conmigo cada vez que nos montábamos en un avión. Luego de pasar la primera noche en Buenos Aires volamos hacía

Señor, he venido a ti y nada ha sucedido

la Provincia de Formosa en donde iniciaba la Cruzada. Fueron dos meses de Cruzadas por distintas Provincias; Formosa, Corrientes, Chaco, Córdova, Tucumán y finalizando en Buenos Aires. Mientras estábamos en Formosa, cruzamos el domingo en la mañana a Paraguay en una pequeña embarcación, lo que aquí en Puerto Rico le decimos "una yola". (Una embarcación pequeña)

Allí miles de personas nos esperaban en un Estadio de Balompié donde Yiye predicó el mensaje de la Palabra de Dios. También cuando estuvimos en Córdova, volamos dos horas en avioneta hasta llegar a Pergamino donde una mañana Yiye también predicó.

Esos eran días cuando Yiye salía de Puerto Rico y predicaba por dos meses continuo. Era agotador, pero era vivir una aventura preciosa en los caminos del Señor viendo los milagros y maravillas que hacía en las Campañas. Milagros de todo tipo sucedían cada noche luego de pronunciada la poderosa Palabra de "Y por sus llagas fuisteis sanados…"

Uno de los milagros de mayor notoriedad fue el que ocurrió en la Campaña de Tucumán. Una mujer embarazada que estaba hospitalizada en espera de ser sometida a un aborto, pues la criatura que tenía en su vientre le habían diagnosticado que estaba muerto, enterándose de la Cruzada, abandonó el hospital y llegó con la fe de que Dios le resucitaría la criatura. Yo me encontraba en una de las escaleras que daban acceso a la plataforma verificando las personas para que subieran a dar testimonio.

Cuando ella me contó lo que había sucedido, le hice que pasara con Yiye. "Hermanita, ¿qué tenía?" "Hermano Yiye, yo estoy embarazada y los médicos me diagnosticaron que mi bebé está muerto en mi vientre y abandoné el hospital y vine aquí en busca de sanidad y Dios me ha devuelto a la vida a mi bebé". "Hermanita ¿y cómo sabe que está vivo?" "Porque luego que usted oró sentí cuando se movió dentro de mí y ahora mismo lo siento que se está moviendo". ¡Aleluya!, ¿Quién fue? ¡Cristo!

Señor, he venido a ti y nada ha sucedido

Gritaba la multitud gozosa por el poderoso milagro que sacudió la Provincia.

Los medios de comunicación se presentaban todas las noches, unos publicaban a favor de la Campaña anunciando los milagros que ocurrían, otros nos tildaban de buscones. Pero todo obraba para bien, pues cada noche la asistencia crecía y eran miles de personas los que se reunían en el Estadio para escuchar el mensaje profético predicado por los labios del Siervo del Señor Yiye Ávila.

En esa primera experiencia me tocó trabajar con los Ujieres de las Campañas que tendrían el trabajo de anotar los nombres y direcciones de los nuevos convertidos. Esto era un trabajo que para Yiye es muy importante, pues para el seguimiento de la profesión de fe, es necesario que los pastores los visitaran e invitaran a sus respectivas Iglesias.

Era emocionante ver miles de personas aceptando a Cristo como su salvador personal y luego dirigirlos a las mesas donde les esperaba un ejército de hermanos que tomarían sus nombres y direcciones y le obsequiarían literatura de orientación espiritual.

Aunque yo fui con Yiye a trabajar en las Campañas, durante el día luego de finalizar los trabajos en la casa donde nos hospedábamos, tuve la oportunidad de predicar en Plazas y cárceles. En la Plaza Flores de Buenos Aires fuimos un grupo de hermanos ujieres y consejeros de la Campaña a realizar un culto dónde yo estaría predicando mi testimonio.

¡Qué emoción sentía! Recuerdo que ese día, luego de haber testificado, comencé a hacer el llamado a todo aquél que quisiera aceptar a Cristo como su Salvador. Entre las personas que aceptaron la oración de fe, pasó un hombre de algunos 40 años de edad llorando se acercó a mí y me abrazó. Luego me dijo, mi nombre es José Herrera como tú y he estado viviendo la misma vida que tú vivías. Y ahora quiero aceptar a ese Cristo que me predicas". ¡Alabado sea el Señor! Un hombre con mi mismo nombre y viviendo la misma vida de perdición que vivía.

¡Qué tremendo es Dios! Cuán grande es Su amor. Llevar a un José Herrera de Puerto Rico para predicarle a otro José Herrera de Argentina. El hombre se sintió sumamente impactado por Dios y allí en medio de la Plaza Flores donde deambulaba recibió la salvación que es por la fe en Jesucristo.

¡Cuánta gloria y cuánta bendición viví en esa mi primera experiencia con Yiye y el grupo que fuimos a Argentina! ¡Y cuánta falta me hacía mi querida Marisol y mi recién nacida hijita Soraima! Fueron dos meses de victoria y grandes emociones las que tuvimos en Argentina. ¡Cuánto gozo sentí cuando llegó la hora de regresar a mi hogar, al encuentro de mis seres queridos! Pero pensando, ¿cuándo volveré a salir a Campañas con Yiye?

La respuesta vendría pronto en revelación. En Argentina cuando estuvimos en la Provincia de Formosa cruzamos en una pequeña embarcación a Paraguay para una reunión con los pastores pues el domingo en la mañana, Yiye predicaría en un Estadio de Balompié. Esto de dar un culto adicional en la mañana de los domingos, Yiye lo hacía para sacarle el mayor provecho a su visita al país. También cuando estuvimos en la Provincia de Corrientes fuimos en una pequeña avioneta dos horas de vuelo a una ciudad llamada Pergamino. Yiye me vacilaba cuando me observaba que me agarraba del asiento cada vez que la avioneta se estremecía o atravesaba por una turbulencia de repente, Yiye me miraba, se reía y me decía: ¡Alábalo que él vive!

Mientras yo habría mis ojos con cada jamaqueo que daba la avioneta. ¡Argentina fue una experiencia que jamás olvidaré! Para mí y los que tuvieron el privilegio de vivir al lado del Evangelista Yiye Ávila, fuimos testigos de un avivamiento que marcó la vida de millones de almas en todas las Naciones que Dios lo envió a llevar el mensaje de salvación.

Señor, he venido a ti y nada ha sucedido

No fue el primero, ni será el último, pero ciertamente fue un Profeta ungido por Dios para alertar a la humanidad del inminente acontecimiento que está a pronto por suceder: El Rapto de la Iglesia. Dios lo llamó con ese mensaje en particular de advertencia y de los juicios de Dios que también serán derramados sobre la tierra. Hoy en día recuerdo con gran emoción y agradecimiento a Dios por haberme llamado al lado de éste varón y príncipe de Dios, el evangelista Yiye Ávila y también haber sido Miembro de Escuadrón Cristo Viene durante diez años de mi vida.

José Herrera en la Plaza Flores de Buenos Aires, Argentina. El hombre estaba impactado por la casualidad de que me llamara como él, pero que mi vida del pasado era semejante a la que él estaba viviendo. Vicios, ataduras, noches en las calles, dejando el hogar, problemas con su familia.

Señor, he venido a ti y nada ha sucedido

Estando en la Provincia de Formosa, Argentina cruzamos en esta pequeña embarcación a Paraguay para poder realizar una llamada telefónica a Puerto Rico. Abajo, listos para volar a Pergamino para un culto especial en la mañana

Señor, he venido a ti y nada ha sucedido

Capítulo 10
INVASIÓN EVANGELÍSTICA PERÚ

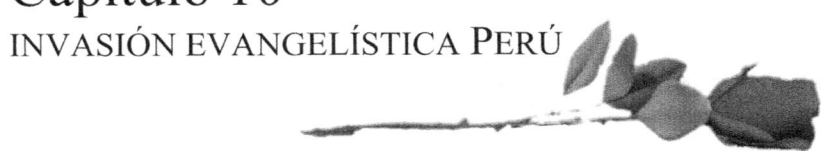

Luego de haber regresado de Argentina tuve un sueño. En la revelación, yo me encontraba en el Departamento de Correos del Ministerio Cristo Viene y mientras escuchaba una voz que por el comunicador interno decía: *"Toño, contesta esa llamada que es importante para ti".*

El lugar donde me encontraba estaba bloqueado por muchos sacos del correo. En ese momento, el hermano Ismael Guzmán, compañero de trabajo en el Ministerio, comenzó a sacar los sacos del medio y a romper la pared para que yo pudiera pasar a tomar el teléfono.

Cuando acerqué el teléfono a mi oído, escuché una voz que me dijo por dos veces repetidamente: *"Toño, ¿Cómo te fue por Perú? Toño, ¿cómo te fue por Perú?".* ¡Aleluya! Desperté de madrugada sintiendo la gloriosa presencia del Señor, quien a través de este sueño me mostraba lo que vendría. ¡Perú, sería mi próxima salida!

En aquellos días ya estaba en la agenda de Yiye "INVASIÓN A PERÚ 87". Esta Campaña era distinta a las demás, pues Yiye enviaría a diez Evangelistas del Ministerio Cristo Viene, en parejas de dos, a predicar simultáneamente a sus Cruzadas en distintas Provincias de Perú.

Aunque Yiye no me había indicado que sería uno de los evangelistas enviados para la invasión, ya el Señor me lo había manifestado en sueños, era cuestión de esperar el aviso. Un domingo sonó el teléfono de mi hogar y al sonar sentí un toque del Espíritu Santo que me indicaba, Perú. "Heló; ¿Toño, quieres ir a Perú?" Era el Evangelista Eddie Robles. "Estaba en la oficina con Yiye. Él me llamó para decirme que era uno de los que iban para la Invasión a Perú y me dijo que tú también irás" ¡Aleluya! ¿Que si quiero ir? Muchacho, hacen ya varios días que el Señor me lo reveló en sueños. Claro que quiero ir a Perú. Ya me compré una maleta para los trajes.

Los evangelistas que fuimos a Perú fueron: Eddie Robles, Andrés Claudio, Carmen Delia Rivera, Aida y Luis Badillo, Eliseo Badillo, Elías Suárez, Wilfredo "El Cano" Morales, Tony Reyes y yo.

Los pueblos donde Tony y yo tendríamos nuestras Campañas fueron: Moyobamba (zona selvática), Tarapoto, Huaral, Huacho y Paramonga. Ahora sí, aunque ya tenía experiencia como predicador en Puerto Rico y Haití, ahora tenía que predicar las Campañas en la tierra que Dios me había llamado hacían cuatro años.

Ahora sí se cumpliría a cabalidad mi sueño. Noche tras noche, predicando y orando por los enfermos. Y cuando uno llega en representación del Ministerio Cristo Viene del Evangelista Yiye Ávila, estaba la presión de que señales tenían que ser manifestadas. En esas Campañas verdaderamente comprobé lo que siempre Yiye nos decía a los hermanos del Escuadrón; "La misma unción que está sobre mí, está sobre ustedes".

Ciertamente los milagros y señales no son patrimonio del Ministerio o de Yiye, pero la realidad es que a lo largo de la historia del Ministerio, las señales, prodigios y milagros siempre han sido una realidad especial.

Llegamos a un pueblo de la selva peruana llamado Moyobamba para comenzar nuestra misión. Tony predicaba una noche y la siguiente noche predicaba yo. La primera noche que me correspondía predicar estaba de nervios todo el día. Encerrado en la habitación orando y leyendo la Palabra.

Señor, he venido a ti y nada ha sucedido

Daba gracias a Dios porque estaba en Sur América y de cierto, mi predica era el testimonio de lo que el Señor había hecho en mi vida, obedeciendo así el mandato del anciano de cabellera blanca. Pero confieso sentía un temor horrible. Esa siempre ha sido una de mis luchas cada vez que tengo que subir al púlpito a predicar. Tiemblo y siento que el estómago se revuelca dentro de mí. Pero todo eso cesa inmediatamente agarro el micrófono en mis manos y abro mi boca para predicar de Su grandeza. "El perfecto amor, echa fuera el temor".

El lugar era un amplio terreno que se había preparado para la realización de la Campaña. Ujieres uniformados con pantalón o falda color negra y camisa o blusa blanca. La pobreza es extrema en ese lugar, pero en amor los hermanos peruanos son ricos. Nos recibieron como lo que éramos, enviados del Señor.

Luego de haber predicado mi testimonio, en el llamado les hacía la siguiente aseveración; "Dios les ama tanto y se preocupa por ustedes que viven aquí en la selva de Moyobamba, pues me habló personalmente y me mostró en revelación su tierra, Sur América, y hoy estoy aquí con ustedes, haciendo lo que Él me dijo que hiciera, contarles como se ha manifestado en mi vida, porque quiere revelarse a sus vidas.

En esta gloriosa noche, cuántos de los que me han escuchado que no conocen al Señor quieren recibirle como su Salvador, solo levante sus manos al cielo". Pasaron varios segundos que parecían horas y nadie levantaba sus manos. De momento una mano a la distancia se levantó y cuando al verla dije: El Señor bendiga esa mano que se levanta, cientos de otras manos comenzaron a levantarse. ¡Me sentía como Yiye en pleno llamado a las almas!
Ver esa multitud de almas frente a la plataforma repitiendo la oración de fe por salvación me hacía sentir un gozo inefable. "Gracias Señor porque hoy mis ojos pueden ver hecho realidad lo que hacen cuatro años me habías mostrado en aquella revelación". Finalizado el llamado, un grupo musical indígena comenzó a tocar unos cánticos dando tiempo a que los Ujieres escribieran los

Señor, he venido a ti y nada ha sucedido

nombres de los nuevos convertidos para entonces hacer la oración de fe por sanidad.

Mientras eso sucedía, estaba de rodillas orando en la misma plataforma pidiendo al Señor que se glorificara en la oración por los enfermos. "Llama al frente los que tienen hernias" me dijo el Espíritu Santo. ¿Qué? ¡Exclamé asustado!

Yo nunca he llamado al frente a nadie en particular para oración de sanidad. Si usted como predicador llama a una persona al frente con una necesidad y en particular para orar por tal, lo que todos esperarán es que sea sanado. Allí estaba yo en la plataforma mientras se escuchaban los cánticos, luchando con el Señor y mis temores.

Finalmente, tomé la parte nuevamente para hacer la oración por los enfermos y mandé a subir a la plataforma personas que tuvieran hernias. Como seis personas subieron a altar y le dije: Ponga su mano en la parte afectada y cuando diga: Por sus llagas fuisteis sanados, solo levante sus manos al cielo y de gracias al Señor por su sanidad.

Mientras oraba, en mi mente luchaba contra pensamientos negativos que trataban de opacar mi fe. "No se van a sanar, no fue el Señor que te mandó a subirlos a la plataforma, fue tú mente". "Padre, tú te revelaste a mi vida y me llamaste a predicar a Sur América y aquí estoy, para que ellos crean que tú me has enviado, ahora mismo Padre declaro, que por tus llagas ellos han sido sanados", Levanten sus manos y denle la gloria a Dios y reciban su sanidad.

La unción no faltaba. Su presencia se dejaba sentir y el pueblo aclamaba a su Dios. ¿Cuántos de los que han pasado para recibir oración encuentran que han sido sanados? Comenzando desde los que estaban en la plataforma con lágrimas en sus ojos testificaban de haber sentido un calor en sus cuerpos y al buscar en la parte afectada no encontraban las hernias. Otros testificaban de dolores

Señor, he venido a ti y nada ha sucedido

musculares, oídos sordos sanados, pies planos que recibieron la curvatura, en fin, la misma unción que sobre las Campañas de Yiye se manifestaban eran también una realidad sobre nosotros. ¡Gloria a Dios! "Toño, ¿Cómo te fue por Perú?

La pregunta que me hicieron en el sueño que reveló mi viaje a la tierra de los Incas, fue el comienzo de dos gloriosos meses de predicaciones bajo la Unción del Señor con las señales que nos seguían confirmando la Palabra que predicábamos.

Pero hubo un incidente muy peculiar durante las Campañas en esta Invasión a Perú que puso el sello de la victoria que el Señor nos concedió. Sucedió que mientras estábamos predicando en Tarapoto, unos pastores de un vecino pueblo llamado Huaral, nos pidieron que predicáramos tres días en la Plaza de ese pueblo.

Esto era algo que no estaba programado y como ya estaban otras Campañas coordinadas, era hacer un sacrificio especial para poder complacer a los pastores. Luego de escuchar prácticamente sus ruegos de que fuéramos a Huaral, accedimos a la petición.

¡Gracias le doy al Señor que aceptamos! Los pastores se habían llevado afiches y letreros con nuestras fotos anunciando los días de Campaña. Por todas partes se comentaba de los milagros que habían ocurrido en los pueblos vecinos de Moyobamba y Tarapoto.

Durante nuestra estadía en Huaral, los pastores nos hospedaron en un pequeño Hotel frente a la Plaza donde se llevaría a cabo la Campaña, por lo que era cuestión de cruzar la calle para llegar a la actividad. Esa primera noche estuvimos compartiendo con pastores de Huaral durante todo el día y casi entrada la noche, pero no me preocupé porque me daba un baño y cruzaba la calle y participaba del servicio.

Así que ese día, estaba atrasado, necesitaba hacer el período de oración de la tarde y éste lo terminé de hacer ya casi comenzando el culto. Todavía no me había bañado y vestido, por lo que cuando entré a la ducha, me dispuse a darme un buen baño de una sola buena enjabonada, shampoo, agua y para fuera.

Los cánticos se escuchaban en la habitación y obviamente la adrenalina comenzaba a fluir por todo mí ser. El temor volvía aparecer como huésped de honor en mi mente. Y ahora sentía que estaba tarde, que vergüenza, tan cerca el hospedaje y llegar tarde al servicio. Por unos segundos me recordé cuando estudiaba en la Escuela Elementar la cual quedaba frente a mi casa en el Barrio Carrizales de Hatillo.

¡Cuántas veces llegué al salón de clases tarde viviendo frente a la Escuela! Sucedía que me acostaba tarde en la noche porque me quedaba viendo televisión con mis hermanos y luego se me hacía difícil levantarme de la cama. Muchas veces me despertaba cuando escuchaba el timbre de la escuela.

En cuestión de segundos tuve ese recuerdo en mi mente y me reía recordándolo. Entré a la ducha con agua fría, me metí debajo del chorro. ¡UFFF, QUE FRIA ESTA EL AGUA! Pero temblando en la ducha soportando la fría agua, me enjaboné haciendo mucha espuma del jabón en mí cuerpo y el shampoo sobre mi cabeza.

Cuando me preparo para meterme nuevamente debajo del agua para quitarme el jabón, esta se fue como por arte de magia. ¡Oh, Dios mío! El culto en todo su apogeo y yo todavía no estaba preparado y ahora para colmo no tenía agua para terminar mi baño. Rápidamente quité la tapa del tanque del inodoro, pero esto era desagradable.

Mientras abría otras llaves en busca de agua, recordé que en el Hotel había una pequeña piscina. Pero pensé; "Si viene un pastor a buscarme porque estoy tarde y me encuentra en la piscina, se va a escandalizar conmigo". El que los cristianos se bañen en piscinas no es visto con buenos ojos por muchos pastores y por ética Ministerial, tenía que evitar cualquiera situación que pudiera verse como un mal testimonio de mi parte.

Qué pensará el hermano si me encuentra metido en la piscina y para colmo prácticamente durante el culto. Pensando en esto, me dije, esto es cuestión de un chapuzón y para fuera. Poniéndome un pantalón corto me puse también una toalla por encima de la cabeza para esconder mi rostro de cualquiera que me encontrara de camino a la piscina.

Al llegar a la piscina, parecía que todo estaba bajo control, todos estaban en la Plaza, el Hotel estaba prácticamente solitario, nadie en los pasillos y a nadie veía en los predios de la piscina. Pero cuando estoy por entrar al agua, aún con mi rostro cubierto, escucho la voz afeminada de un joven dentro de la piscina: ¿Tú eres el predicador que está en la Plaza predicando? Él había visto mi foto en las promociones que estaban por todas partes en el pueblo.

Cuando escuché al joven, de momento quedé sorprendido y pasmado. Pero aún más me preocupé cuando lo escuché hablar, pues su voz afeminada lo identificaba como un homosexual. ¡Ahora sí! Si me ve un pastor aquí en la piscina con un homosexual, tremendo escándalo que se forma. Pero todo ocurriendo en cuestión de segundos, cuando le respondí que era yo el predicador de la Plaza, cambiando el tono de su voz, de manera triste y reflejando un enorme vacío en su interior por medio de sus palabras me dijo:

"Dios no me ama, Él no puede amarme por las cosas que hago". Muchacho, mira cuánto te ama el Señor que cuando me estaba bañando se llevó el agua dejándome enjabonado en la ducha para que viniera aquí a la piscina a conocerte y para decirte que el Señor me envió a Sur América a predicar Su Palabra y testificar cuanta misericordia ha tenido conmigo y la tiene también contigo".

Señor, he venido a ti y nada ha sucedido

En cuestión de minutos le prediqué mi testimonio, fue una predica relámpago pues estaba atrasado. Allí conocí a un joven chileno, músico de profesión que estaba en Huaral de paso trabajando. Aceptó al Señor y dentro de la misma piscina oré por él. Al siguiente día, como él también se hospedaba en el Hotel, conversamos con más calma sobre las cosas que el Señor había hecho en mi vida y de Su Palabra.

Le obsequié literatura y mensajes grabados de mi testimonio y otras predicaciones. Finalmente le orienté para que buscara una Iglesia y hablara con el Señor como a un amigo que desea ayudarlo en quien puede confiar.

Finalizada la Campaña en Huaral, oramos por él en el recibidor del Hotel, nos intercambiamos nuestras direcciones postales y nos despedimos. Se podía ver un cambio inmediato en su persona. Su interés despertado por conocer más del Señor me demostraba que algún propósito especial tendría Dios con él.

Aunque en ningún momento me aceptó su homosexualidad, era obvio. Por último, le dije: "recuerda siempre esta experiencia que el Señor te ha dado para que entiendas que Él te ama. Dios te bendiga".

Salimos de Huaral gozosos para nuestro próximo destino, Huacho. Allí una de las noches de la Campaña, Dios se glorificó de manera especial realizando un milagro peculiar. Sucedió que luego que predicara el mensaje y orara por los nuevos convertidos, cuando estaba anunciando que en breve estaría orando por sanidad, se me acercó una mujer con su niña de algunos seis años de edad diciéndome; "Hermanito, ore por mi niña que tiene los pies planos", "Si hermanita, ya mismito oraremos por los enfermos, manténgase ahí".

Entre tanto me arrodillé para orar antes de hacer la oración por los enfermos y la agrupación tocaba las alabanzas, escuché la voz del Espíritu Santo que me dijo: "Le voy a crear la curvatura a los pies

Señor, he venido a ti y nada ha sucedido

de la niña, súbela a la plataforma y tómale un retrato antes y otro después". ¿Cómo?

Señor, un retrato antes con sus pies planos y otro después. Ay Señor, serás tú o será mi mente la que me está hablando. La manifestación de este don era nueva para mí por lo que me sentía atemorizado de hacer tal cosa. El Señor prevaleció y me lancé por la fe a la aventura milagrosa. Cuando tomé el micrófono nuevamente para orar por los enfermos, hice el anuncio.

Hermanita usted me pidió que orara por su niña que tiene los pies planos y mientras estaba orando el Señor me dijo que la sanaría. Le dije al coordinador de la Campaña retrata sus pies antes y después de orar para constatar el milagro. El coordinador se puso tan nervioso que le tomó la foto a la niña con los zapatos puestos. Le dije, muchachito, quítale los zapatos y toma la foto a sus pies. Todos comenzaron a reírse y otros gritaban ¡Gloria a Dios!

Luego de lanzado el reto, comenzamos a orar todos. Mientras yo oraba, en mi mente yo decía, Señor en que lío tú me has metido, si tú no sanas a esa niña a mí me van a bajar de aquí a pedradas. "Para que sepan aquí en Huacho que tú eres el Dios Todopoderoso que me has salvado y enviado a sus tierras digo Padre, que por tus llagas fuimos sanados, recibe tú sanidad",

Bajo la Unción el pueblo congregado frente a la plataforma comenzó a levantar sus manos orando y dando gracias a Dios. De momento veo el rostro del coordinador un gesto de asombro y afirmando con su cabeza que estaba la curvatura en los pies de la niña creada por el Señor quién es el mismo de ayer, hoy y por los siglos.

La madre de la niñita peruana estaba bañada en lágrimas. El pueblo alzaba más su voz al cielo en agradecimiento y alabanzas al Señor. ¡Gloria a Dios, Aleluya! Entonces le tomamos la tercera foto a la niña, ahora con la curvatura en sus pies creada por el Señor. Que yo sepa, nadie ha muerto por tener los pies planos, sin embargo, esto es un milagro creativo de los últimos días. ¡Gloria a Su Nombre!

Así la Campaña tomó fuerza y continuamos noche tras noche predicando la Palabra y orando por los enfermos. ¡Que gloria y que bendición la que viví en Perú! Mi sueño hecho realidad. Imagínate como me sentía. Gozoso y agradecido del Señor por el privilegio que me ha concedido de ser un Siervo más llamado a trabajar en Su viña.

Finalizada la Campaña en Huacho, salimos para nuestra última actividad en Paramonga. Ya llevábamos casi dos meses, sentíamos el cansancio y como es normal en el ser humano, extrañábamos a nuestras familias. Una tarde Tony y yo tomamos una siesta. Cuando me quedé dormido, soñé con nuestro regreso a Puerto Rico.

En el sueño que parecía tan real, yo le decía: Tony, ¿cuándo llegamos a Puerto Rico? Que felicidad, abrazaba a Marisol y a Soraima, las besaba con tanta ternura, pues me hacían tremenda falta. No es fácil desprenderse de nuestros seres queridos y las comodidades que en Puerto Rico se disfrutan. No es fácil, pero tenemos que hacerlo por amor al Señor y Su obra. Que nostalgia sentí cuando me desperté. Había sido tan real. Estaba en Puerto Rico de regreso y de momento me encuentro en Perú.

Creo que ese sueño, fue un ataque del maligno, porque al despertar me sentí abrumado por la melancolía. Me tuve que tirar al suelo a orar a Dios para que me quitara ese sentir que de repente me agobiaba. La nostalgia quiso apagar el gozo que sentía de estar en la tierra que aquél anciano de cabellos y vestiduras blancas me había llamado a predicar; Sur América. El sueño deseado de mi vida ahora comenzaba a sentirlo como sacrificado y doloroso.

Pero qué bueno es el Señor que siente lo que sentimos y sabe consolarnos. Allí mientras oraba, tuve la grata sensación que Marisol estaba embarazada y que tendría otra hermosa niña.

Señor, he venido a ti y nada ha sucedido

No sabía que ella estaba embarazada, solo fue una grata sensación que me hizo sentir el Espíritu Santo y mi tristeza y melancolía desaparecieron. Era como si la hubiera visto en visión. Esto me sucedió estando en Paramonga, la última Campaña.

Finalizamos la Campaña y regresamos a Lima donde nos reuniríamos con todo el grupo y el hermano Yiye. Ese último día es inolvidable ya que sabemos que es cuestión de horas para el regreso al hogar luego de dos largos meses.

Nos gozábamos contando las anécdotas de las cosas que nos habían sucedido en las Campañas. Todos bromeaban con mi experiencia en la piscina. Yiye se gozaba escuchando y contando sus experiencias. Más de 60,000 mil almas vinieron a los pies del Señor en esa gloriosa Invasión al Perú. Si fuera a narrar todos los milagros que sucedieron no terminaría de escribir este libro que para la gloria del Señor sea.

Revivir esos días gloriosos me llena de gozo y me hace sentir lo bendecido que he sido en este glorioso caminar del Evangelio. ¡Gracias te doy mi Señor por la bendición y privilegio que me has dado de servirte contando a otros tus grandes misericordias manifestadas en mi vida!

De regreso en mi casa, meditaba día y noche en todo lo sucedido en Perú. "Toño, contesta esa llamada que es importante parta ti. Toño; ¿Cómo te fue por Perú? Toño; ¿Cómo te fue por Perú? Recordaba al joven que había recibido al Señor en la piscina del Hotel en Huaral. Me preguntaba, ¿qué será de él? ¿Cómo estará? ¿Habrá hecho lo que le aconsejé? "Señor, ayuda a perseverar en tus caminos a todas esas almas que confesaron tú nombre para salvación en profesión de fe."

A las semanas siguientes, recibí una carta. Era procedente de Perú, al leer el nombre del remitente, no recordaba quién era hasta que abrí la carta y comencé a darle lectura. "Soy aquél joven que estaba en la piscina en el Hotel en Huaral. Quiero decirte que desde entonces he sentido algo especial de parte de Dios en mi vida. Hice como me dijiste; busqué una Iglesia Cristiana y he estado orando al Señor. Quiero que sepas que me siento libre y ya no soy homosexual". ¡Aleluya!

En ningún momento cuando hablamos en la piscina se tocó ese tema. Solo le hablé del amor del Señor para con su vida. Ahora estaba viendo los frutos de ese encuentro tan particular que tuvimos aquel día en la piscina. Este encuentro no se hubiese dado de no ser por el incidente que tuve al quedarme enjabonado y sin agua en el Hotel.

El Señor obra por senderos misteriosos. En esa primera carta, fue lo más importante que me dijo y también finalizando sus palabras pidiendo la oración para que el Señor le aparejara una compañera para casarse. Cuando leí eso comprendí que verdaderamente estaba libre de esa atadura diabólica.

Contesté su carta animándolo a seguir adelante en el Señor. Luego de varios meses recibí otra carta donde el encabezamiento decía: *¡Gloria a Dios! El Señor ha contestado mi petición, estoy trabajando con un pastor en una nueva obra que comenzó y acabo de casarme con la compañera que me dio el Señor".*

Recibir esa carta para mí significó tanto, que me hace pensar lo grande y misericordioso que es nuestro Señor. Las cosas que hace con el fin de llegar al perdido. Esta experiencia como otros milagros contestan la pregunta que me hicieron en la revelación: *"Toño; ¿Cómo te fue por Perú? Toño; ¿Cómo te fue por Perú?"* ¡Fue extremadamente glorioso!

Así como el Señor obró en la vida de este joven, deben de ser muchos más los testimonios de las cosas que Dios ha hecho en la vida de los miles que participaron de las Campañas, porque fueron días especiales de visitación del Señor para Perú. Un total de más de 64,000 mil almas aceptaron a Cristo como Salvador en todas las Campañas.

Señor, he venido a ti y nada ha sucedido

INVASIÓN EVANGELISTICA PERÚ

Señor, he venido a ti y nada ha sucedido

INVASIÓN EVANGELISTICA PERÚ

Señor, he venido a ti y nada ha sucedido

Los Pastores de Tarapoto, Perú sorprendieron con un pastel de cumpleaños al evangelista Tony Reyes quien cumplió años durante los días de Campaña.

Señor, he venido a ti y nada ha sucedido

Familia que nos hospedaron en Moyobamba, Perú. Vivo siempre pensando en regresar para volver a verlos.

Compartiendo mi testimonio y llamado a Sur América de manera improvisada con las personas que se me acercaban en un mercado de Moyobamba, Perú.

Señor, he venido a ti y nada ha sucedido

"Usted en la Iglesia de Jesucristo"
Programa TV en La Cadena del Milagro

Capítulo 11
PROGRAMAS DE RADIO & TV

Luego de esa Invasión al Perú, Dios me subió a otro nivel ministerial. Campañas y compromisos para predicar por toda la Isla comenzaron a fluir. Mi agenda estaba bastante llena con tantas predicas por lo que me sentía bendecido espiritualmente.

Mientras los meses pasaban y estaba en espera de la próxima misión a Sur América, me mantenía predicando por toda la Isla. Marisol y yo visitamos muchas Iglesias. Fueron muchas las experiencias hermosas que vivimos.

En esos días, el hoy Evangelista y Pastor Carlos Valentín había ingresado al Ministerio Cristo Viene. Hicimos una buena amistad. "Chino", como cariñosamente le llamamos, aunque a él no le gusta que lo llamaran por su apodo, (perdóname Carlos), unimos nuestros Ministerios personales para poner un Programa en Radio Redentor en el Bloque Arecibeño.

Como cuestión de hecho, hoy día Carlos Valentín es un pastor evangelista con un Ministerio Internacional muy fructífero usado por Dios en la manifestación de sanidades y milagros. Pastorea la Iglesia Cristiana Ciudad del Rey que está ubicada en la ciudad de Lehigh Acres en el Estado de la Florida.

Así estuvimos juntos difundiendo el mensaje por un corto tiempo. La introducción del programa decía: "Los Ministerios evangelísticos Jesús me Libertó y Al Rescate de la Oveja Perdida se han unido para presentar su programa "Unidos por Cristo". Luego Carlos tuvo que dejar el programa y continué sólo en la radio. Para ese tiempo, Yiye había adquirido los Canales de TV 63 de Aguada y 54 de Arecibo y entré a la televisión con el

Señor, he venido a ti y nada ha sucedido

Programa "Usted en la Iglesia de Jesucristo". Pronto nació La Cadena del Milagro con la adquisición de otros canales de televisión y por medio de Cable TV. El Noticiero Cristo Viene fue otro de los Programas que realizamos en el cual discutíamos las noticias con un enfoque profético.

Luego ante el avivamiento de apariciones de OVNIS en Puerto Rico Dios me reveló sobre el tema del cual comencé a discutirlo en vivo a la luz de las Escrituras. El Programa se llamaba "Señales". Sobre este tema enigmático del cual escribí un libro titulado: RESPUESTA BÍBLICA AL FENÓMENO OVNI, donde expongo lo que Dios me reveló sobre el asunto conforme a su palabra.

Mi vida ministerial continuaba floreciendo. También tuve la bendición de substituir a Yiye cuando no podía transmitir su Programa por la Cadena de radio y televisión del medio día. Esto era para mí un privilegio y una bendición que Dios me concedía. Como coordinador de Campañas de Yiye, le coordiné Campañas en Lajas y Ciales y a nivel internacional, en México. ¡Cuánta bendición ahora estaba viviendo en el Señor!

Para cuando estaba en construcción el salón de oración donde hoy se transmiten las Campañas en vivo por La Cadena del Milagro, tuve otra maravillosa experiencia. Desde que me convertí siempre he anhelado ver los ángeles del Señor.

Este deseo cobraba fuerzas cada vez que leía alguna historia en la Biblia donde los ángeles eran protagonistas. Aunque llegué a orar al Señor pidiéndole que me permitiera ver sus ángeles no recibí respuesta inmediata a mi oración como en otras ocasiones. Hoy les puedo compartir mi experiencia al respecto. Los hermanos del Ministerio costumbran ir de madrugada a orar al salón de oración. Una de esas madrugadas, cuando regresaba a mi hogar luego de haber orado de 4:00 a 6:00 de la mañana, fui a dormir un rato.

Señor, he venido a ti y nada ha sucedido

Al acostarme en sueño tuve la experiencia tan real de estar nuevamente en la entrada al Ministerio, cuando me veo que estoy por entrar miro hacia el cielo y veo un barril azul que venía cayendo hacia mí por lo que levanté mis manos para protegerme. Cuando el barril golpeó mis manos, quedé suspendido flotando en el aire en la parte de atrás del edificio. En ese momento veo tres hermosos ángeles que descendían del cielo sobre el edificio del Ministerio.

Eran tres ángeles preciosos, pero me quedé contemplando la hermosura del primero que llegaba. Sus alas sobrepasaban como tres pies de sus hombros. Su rostro lo pude ver de perfil, era joven y de perfecta hermosura. Sus cabellos les llegaban a los hombros. Cuando entraron al Ministerio, comencé a flotar por el aire mientras sentía que alguien estaba detrás de mí, me acercaron a la pared posterior que estaba en bloques recién colocados aun sin empañetar y por una hendidura miré y pude ver los hermanos recibiendo un derramamiento del Espíritu Santo.

Mientras unos danzaban y hablaban lenguas, otros solo contemplaban a los que se movían en el Espíritu. En eso desperté sintiendo una gloriosa bendición del Espíritu Santo. Por años esa experiencia ha quedado en mi memoria y siento que tiene un significado para días venideros en los cuales los hermanos que forman parte del Ministerio Cristo Viene serán visitados con una unción que traerá en ellos un avivamiento espiritual.

Estar en un Ministerio ganador de almas implica que el enemigo tratará por todos los medios de desgastar las fuerzas espirituales de sus miembros. Tratará de detener su avance lanzando todo tipo dardos de maldad que sirvan de tentaciones, o para crear divisiones, contiendas entre hermanos que afecten la unidad, murmuraciones y todo con el fin de detener el avance de la obra del Señor.

Esto no debe de verse como algo extraño en un Ministerio o Iglesia del Señor, pues más bien, al ser atacado por el maligno, es una señal que el trabajo que se está haciendo lo está afectando seriamente.

Pero gracias a Dios que Él guardará a Su Iglesia por lo que les enviará ángeles que les ministren liberación y ayuda necesaria para continuar la obra. La Biblia dice de los ángeles: *¿No son todos los ángeles espíritus dedicados al servicio divino, enviados para ayudar a los que han de heredar la salvación?*
 Hebreos 1:14 (NVI)

Capítulo 12
CAMPAÑAS EN COLOMBIA

Mi hija Tehillím tendría unos cuatro meses de nacida cuando una madrugada tuve un sueño con ella. En el sueño, yo la cargaba en mis brazos cuando de repente, comenzó a hablarme diciendo:

"Papi, tuve un sueño contigo y tú estabas en Colombia caminando con una vara larga en la mano frente a una montaña grande y mucha gente te seguía".

Desperté de madrugada sintiendo la Presencia del Señor que corría por todo mi ser dando testimonio a mi espíritu que era una revelación de Dios. ¡Colombia! La próxima República de Sur América que estaría visitando enviado por el Señor.

Días después fui avisado por Yiye que tendría Campañas en Colombia con el Evangelista Junior González (quien hoy ya descansa en los brazos del Señor) y Tony Reyes. Estas Campañas eran previas a las que Yiye estaría realizando en el futuro.

Fuimos enviados para reunir a los Pastores en coordinación de las Campañas que Yiye iba a realizar. Como parte de la preparación se nos habían coordinado varias Campañas. En el 1988 llegué a Colombia por primera vez. Junior partió al siguiente día a Buenaventura y Tony a Sincelejo.

Mi primera Campaña fue en Santa Librada que es una comunidad pobre retirada de Bogotá. Para mi sorpresa, cuando fuimos temprano en el día para conocer el lugar donde se realizaría la Campaña; Santa Librada está al frente de una gran montaña como me había sido revelado en el sueño.

Señor, he venido a ti y nada ha sucedido

Esto me dio confianza de que el Señor haría grandes cosas. Esta fue una Campaña donde Dios realizó todo tipo de milagros y fluían los dones del Espíritu Santo en la oración por los enfermos de manera gloriosa.

Era una visitación especial y directa del Dios del cielo para Santa Librada a la cual el pueblo respondió humillándose y recibiendo a Cristo como Salvador. Un total de 1,066 almas registraron sus nombres como nuevos convertidos durante esos días. Todas las noches se reunían cientos de personas a escuchar el mensaje y mi testimonio y luego del llamado a entregarse a los pies del Señor y Él los visitaba con la manifestación de sanidades.

Hernias que desaparecían, pies planos que recibían la curvatura, oídos sordos que eran abiertos y tantos otros milagros, me hacían sentir lleno de gozo, pues estaba viviendo ahora lo que hacían varios años atrás el Señor de vestidos y cabellera blanca me había mostrado. En Suba, otro sector de Bogotá la Campaña era en la Plaza frente a una enorme Iglesia Católica. Por el día, la hermana Rosalba quién era la Coordinadora de las Campañas me había hecho una advertencia; *"No prediques en contra de los ídolos ni menciones a María, porque nos pueden suspender la Campaña"*.

Cuando me hizo ese comentario, pensé: "Válgame Dios, el mensaje que voy a predicar esta noche es de Éxodo 20". Cuando Moisés subió al Monte Sinaí y recibió los diez mandamientos. Esa noche cuando comencé a leer el Capítulo 20 del Éxodo, Rosalba se fue de mi lado y los hermanos estaban medios asustados, pero la Unción que sentía me daba el valor y sabiduría para predicar la verdad sin ofender a los oyentes en especial a un grupo de sacerdotes que escuchaban desde el balcón de la Catedral.

El mensaje no era ofensivo, pero la porción de la Palabra era reveladora y más cortante que espada de dos filos. En el libro del Éxodo, Dios le dijo a Moisés; El pueblo que sacaste de la tierra de Egipto se ha corrompido, se han hecho un becerro de oro y lo han adorado". Este relato Bíblico señala que la ira de Dios se encendió en medio del pueblo.

Para poder comprender estas palabras y el Evangelio de Jesucristo tiene que recibirse por medio de la revelación del Espíritu Santo y no por tradiciones de hombres. ¿Cómo es posible que el pueblo de Israel, luego de recibir los diez mandamientos y escuchar la voz de Dios que les hablaba con voz tronante donde le ordenaba no hacer imágenes de las cosas que están en los cielos ni inclinarse ante ellas, hiciera lo contrario?

Al terminar la predica, un joven sacerdote descendió de la Catedral y vino a conocerme y estrechando mi mano dialogamos y le testifiqué personalmente cómo había conocido al Señor, cómo me había llamado en revelación a Sur América y ahora a Colombia. Él me escuchaba muy atentamente y en aquella Plaza me pidió que orara por él.

Entiendo que la palabra de Dios está dirigida a todo el mundo sin distinción de iglesias y credos. Todos estamos llamados a servir al Señor de corazón, llevar su palabra a pesar de cualquier diferencia que pueda existir y Él, por supuesto, es quien se manifiesta con poder. Durante los años subsiguientes que regresé a Colombia también prediqué en Cúcuta.

Señor, he venido a ti y nada ha sucedido

SANTA LIBRADA, COLOMBIA

Señor, he venido a ti y nada ha sucedido

COLOMBIA

Señor, he venido a ti y nada ha sucedido

PERÚ
Curvatura en pies planos y oídos sanados por el Señor eran milagros muy comunes en las campañas. JESUCRISTO SANA

Capítulo 13
LA PICADA DEL ESCORPIÓN

Este capítulo de mi vida es uno que me duele recordar. Pues siempre me preguntaba, ¿cómo es posible que un hombre que ha vivido tantas experiencias con el Señor pueda caer? Volver al mundo de donde el Señor me había sacado fue una pesadilla que no le deseo le suceda a ninguno que ha conocido a Dios.

En qué momento mi vida espiritual fue menguando, no lo sé. Sólo sé que fui advertido por el Señor de lo que me sucedería. Comencé a tener sueños que me aterrorizaban. En uno de esos sueños veía cuando un escorpión enorme venía corriendo hacia mí y me mordió en el tobillo. En el sueño, no lo pude matar. Al despertar sabía que espiritualmente no estaba bien. Me había descuidado en la oración y el ayuno. No sentía la misma unción y el deseo de buscar al Señor en oración de madrugada.

Si usted espera que le diga con detalles que cosas malas hice, siento decepcionarle. No creo que eso edifique a nadie. Solo le diré esto, "me rebelé contra mi Dios", de lo cual vivo arrepentido y me entristece pensar en ello. Si pudiera retroceder el tiempo y llegar al momento donde debí demostrar firmeza y valentía contra la tentación, sin duda creo que lo haría.

Aunque decimos caer de la gracia o alejarse de la gracia del Señor, porque la realidad es que Dios nos sigue amado igual, pero es el término que utilizamos cuando pecamos a sabiendas, no es algo de lo cual uno se deba sentir orgulloso. Por el contrario, es algo con lo que he tenido que lidiar en mi mente aun cuando el Señor me ha hablado y me ha dejado sentir su perdón y restauración. Es algo que el propio enemigo utiliza en ocasiones como saeta en mi contra. Pero, ciertamente en la Palabra del Señor podemos encontrar un oasis de bendición y refrigerio que nos anima a seguir adelante. La palabra del Señor nos advierte:

"Cuando el espíritu inmundo sale del hombre, anda por lugares secos, buscando reposo; y no hallándolo, dice; Volveré a mi casa de donde salí. Y cuando llega, la halla barrida y adornada. Entonces va y toma otros siete espíritus perores que él; y entrados, moran allí; y el postrer estado de aquel hombre viene a ser peor que el primero". Lucas 11:24-26

La frialdad espiritual había llegado a mi vida y no la combatí. Dejé que minara mi vida y poco a poco fui dejando anidar pensamientos negativos en mi mente hasta que dieron a luz el pecado. Tuve otro sueño donde veía que un perro enorme y rabioso no me permitía la entrada al lugar donde se realizaría una Campaña. Me levanté apesadumbrado, ya que no pude vencer al animal en mi sueño, lo que significaba que no estaba espiritualmente apto para enfrentarlo. La Palabra nos advierte:

"Por lo demás, hermanos míos, fortaleceos en el Señor y en el poder de su fuerza. Vestíos de toda la armadura de Dios, para que podáis estar firmes contra las asechanzas del diablo. Porque no tenemos lucha contra sangre y carne, sino contra principados, contra potestades, contra los gobernadores de las tinieblas de este siglo, contra huestes espirituales de maldad en las regiones celestes. Por tanto, tomad toda la armadura de Dios, para que podáis resistir en el día malo, y habiendo acabado todo, estar firmes". Efesios 6:10-13

No importa quien seas, profeta, apóstol, pastor, evangelista, maestro o un hermano de la congregación que ama a Dios y le sirve con todo su corazón, vendrán días malos a tú vida. Días cuando serás tentado y asechado por el enemigo. Días cuando principados de las tinieblas y huestes espirituales de maldad te cercarán en el camino. Entrarán a tú habitación y te pondrán sueños impuros en tú mente. Y si es usted un cristiano que lleva frutos para el Señor, con más fuerza serás atacado.

Señor, he venido a ti y nada ha sucedido

Aunque está vencido y tenemos autoridad sobre el diablo, no por eso dejará de obstaculizar la obra que nuestro Señor realiza por medio de sus escogidos. Si al mismo Jesús tentó en el desierto, también conmigo intentaría provocar mi caída. No quiero parecer que estoy justificando mis errores.

Sé que son muchos los hermanos y ministros que han caído de la gracia o espiritualmente sienten que no tienen fuerzas para continuar y van tropezando poco a poco. A estos les digo: *"...Más él herido fue por nuestras "rebeliones", molido por nuestros "pecados..."* Isaías 53:5

Una cosa es el pecado y otra la rebelión. El pecado como naturaleza pecaminosa con la cual nacemos. *"...por cuanto todos pecaron, y están destituidos de la gloria de Dios"*. Romanos 3:23 Pero la "rebelión" es el acto pecaminoso que se comete a conciencia y con voluntad predeterminada. Son como el homicidio y el asesinato en primer grado. Ambos produjeron la muerte, sin embargo, el asesinato en primer grado fue cometido con premeditación. En un Tribunal de Justicia, la condena por asesinato en primer grado conlleva cárcel de por vida o la pena de muerte. No así el homicidio, el cual puede ser involuntario y el castigo es menor.

El que comete pecado de rebelión es aquel que habiendo una vez conocido al Señor, se aparta de sus caminos. Ahora sus pecados no son meramente pecados, sino rebeliones. Gracias a Dios que estos pecados también fueron crucificados en la cruz del calvario, por lo que las rebeliones no son el final de nuestras vidas y ministerios. Por eso querido hermano, o hermana, pastor, ministro o siervo del Señor que en el camino has tropezado y caído, levántate, Dios no ha terminado contigo;

"Porque irrevocables son los dones y el llamamiento de Dios". Romanos 11:29

Señor, he venido a ti y nada ha sucedido

Créeme que sé cómo te sientes. Si alguien el Señor quiere que este libro llegue, es a ti. No es fácil porque uno se convierte en su propio acusador y verdugo. ¿Cómo va Dios a considerarme nuevamente para el ministerio luego de haberle fallado? Esa pregunta que me hiciera muchas veces en el silencio de mi soledad, quizás hoy te la estés haciendo tú. Pues permítame decirle algo.

El pecado o rebelión que hallas cometido luego de haber conocido al Señor y haberle servido en el ministerio que una vez te encomendó, no importa, no me interesa saber qué te sucedió y al Señor no le interesa que se lo recuerdes. Si en verdad te humillaste pidiendo su perdón, sencillamente Él nos perdona. Sin embargo, nuestras acciones tendrán en la mayoría de las ocasiones sus consecuencias.

Como consecuencia de mi pecado lo peor fue que fui expulsado del Ministerio Cristo Viene al cual Dios me había llamado. Para mí fue como haber muerto. Hubiera preferido morir y no sufrir la derrota de haber sido herido en el campo de batalla. Luego que Yiye tuvo conocimiento de mi falta cometida, nos reunimos para conocer cuál sería mi futuro en el ministerio.

Me sentía sumamente avergonzado. No merecía ni era digno de misericordia, ni de una oportunidad, aunque la pedí humillado y arrepentido. Yiye tomaría su decisión en cuanto a mi futuro durante varios días que estuvo en ayuno. Recuerdo la mañana cuando nos reunimos en su hogar. Su reclamo y lo más que le dolió a él me traspasó el alma como una espada afilada.

"Descuidaste la coordinación de la campaña, abandonaste a miles de almas que estaban entre la vida y la muerte, no fuiste a las reuniones con los Pastores, el Señor me dijo que te expulsara del ministerio…"

Cuando escuché esas palabras de sentencia, en llanto amargo, caí de rodillas en el piso de su sala. Luego de varios minutos donde solo mis llantos eran los que se escuchaban, escuché la voz Marisol preguntarle: *"Hno. Yiye, ¿usted está seguro de su decisión, está usted seguro que esa fue la decisión del Señor?* No sé cuál fue la reacción o gesto del rostro de Yiye ante su pregunta, pero su decisión no cambió.

Fui expulsado del Ministerio Cristo Viene del Evangelista Yiye Ávila luego de diez años de servicios y sacrificios, al cual el anciano de cabellos y vestiduras blancas me había llamado. Era mejor morir que sentir esa frustración.

Me sentía como un reo sentenciado a muerte al cual le quedaban pocos minutos de vida. No fui merecedor de recibir una oportunidad, de cumplir alguna disciplina. Esto me hizo aborrecerme y tomar la decisión de olvidarme de que una vez había sido un evangelista llamado por el Señor. Si pude sobrevivir la depresión que viví, fue gracias a mi esposa, mi fiel amiga y compañera que supo estar a mi lado.

Verdaderamente fue probado nuestro amor y en especial su amor por mí estaba comenzando a ser pasado por el horno de fuego hasta llagar a su máxima capacidad. Nosotros éramos la familia perfecta en la Iglesia donde nos conocimos y nos reuníamos en búsqueda de las bendiciones del Señor.

Esto tengo que reconocer, tanto como mi esposa y mi familia cercana, así como los hermanos de mi Iglesia, estuvieron siempre conmigo dándome apoyo. El haber sido expulsado del ministerio provocó que en mi mente me formulara tantas preguntas de las que no encontraba respuestas.

¿Cómo es posible que esto me haya sucedido? Aunque en el momento no lo entendía, luego de varios años comprendí que era necesario que así sucediera, que fuera expulsado del ministerio. Fue una copa amarga pero necesaria fue beberla para lo que estaba por comenzar.

Señor, he venido a ti y nada ha sucedido

¡Hoy le doy gracias al Señor porque esto sucedió así! En ese momento, aunque no entendía la decisión que Yiye había tomado, comprendí que era por orden del Señor. Yiye, siempre se ha dirigido por lo que el Señor le muestra en oración. Su costumbre era siempre orar al Señor pidiendo dirección en cualquier asunto importante y decisiones que tenía que tomar, siempre lo hacía en oración.

Los que hemos tenido el privilegio de ser parte de su Ministerio, sabemos que es una regla por la cual él se rige y enseña que así se haga para lograr tener la victoria. Y esa fue la voluntad del Señor: ***"Expúlsalo fuera del Ministerio"***.

Sin embargo, aunque en ese momento no entendía del porqué el Señor no me concedió el ser restaurado en el Ministerio cumpliendo alguna disciplina, hoy lo entiendo perfectamente y le doy gracias que fuera sacado fuera del Escuadrón Cristo Viene. Era el plan de Dios para mí vida. Esto sería el inicio de un largo y amargo proceso que tendría que vivir para conocer en carne propia lo que es el verdadero **amor y misericordia** de Dios para con sus hijos.

En ese tiempo hubo momentos en mi vida cuando veía a Yiye por televisión, lo escuchaba por la radio, o simplemente veía un mapa de Sur América, que no podía contener el llanto y la tristeza que me ocasionaba. Esto me hacía sentir como si literalmente lentamente estuviera descendiendo en un pozo profundo de angustia que parecía no tener fin; pero lo tenía porque toqué el fondo de sentirse perdido y sin esperanza luego de haber bebido de la copa de la salvación.

No es lo mismo el pecado de aquél que no ha conocido al Señor y el pecado de quién lo conoció y por la razón que sea, se aparta de sus caminos dejando que la carne domine la voluntad del espíritu humano. Esto mi querido hermano y amigo es el pecado de "rebelión". Gracias a la misericordia del Señor también por nuestras rebeliones JESÚS fue crucificado según lo dice la profecía de Isaías 53:5 "…Más Él herido fue por nuestras REBELIONES, molido por nuestros pecados;"

Especialmente cuando llegaba la noche y recostaba mi cabeza sobre la almohada, era inevitable recordar los días de gloria vividos en Sur América y en el Ministerio Cristo Viene con Yiye y el Escuadrón.

Me dejé crecer la barba para que nadie me reconociera, me hundí más que la primera vez en las drogas. Antes solo era usuario de marihuana y licor. Ahora era también la cocaína. ¿Quién lo diría? ¿Cómo soportarlo? Luego de haber vivido una vida plena en el ministerio y con el siervo de Dios Yiye Ávila.

Lo más que me dolía en lo profundo de mi corazón era que había sido llamado por el Anciano de cabellos y vestiduras blancas, que tuve el privilegio de ver en aquella revelación y le había fallado. Ese Anciano es nuestro Padre Celestial.

Quizás la muerte hubiera sido mejor que el sentir el tormento de mis pensamientos. Lamento todo el sufrimiento y decepción que le causé a mi familia, en especial a mi amada esposa y a mis hijitas. Mis padres no sufrieron tanto como mi esposa, porque esta lloraba en silencio los días que no llegaba al hogar, o cuando llegaba en estado de embriagues.

Mary no quería dar cargas a mis padres y sufría todo en silencio. También a mi querida Marisol Dios la pasó por lo que dice el Profeta Isaías 53:3 que sufrió nuestro Salvador; fue "experimentada en quebranto".

Marisol sin saber que Amor A Puertas Abiertas, el sueño que ella había tenido cuando recién uníamos nuestras vidas en matrimonio, estaba apenas cogiendo forma. ¿Qué es el amor? Usted dirá; Dios es amor. ¿En verdad damos del amor que predicamos haber recibido de Dios?

Señor, he venido a ti y nada ha sucedido

"Si yo hablase lenguas humanas y angélicas, y no tengo amor, vengo a ser como metal que resuena, o címbalo que retiñe. Y si tuviese profecía, y entendiese todos los misterios y toda ciencia, y si tuviese toda la fe, de tal manera que trasladase los montes, y no tengo amor, nada soy.

Y si repartiese todos mis bienes para dar de comer a los pobres, y si entregase mi cuerpo para ser quemado, y no tengo amor, de nada me sirve. El amor es sufrido, es benigno, el amor no tiene envidia, el amor no es jactancioso, no se envanece, no hace nada indebido, no busca lo suyo, no se irrita, no guarda rencor, no se goza de la injusticia, más se goza de la verdad.

Todo lo sufre, todo lo cree, todo lo espera, todo lo soporta. El amor nunca deja de ser; pero las profecías se acabarán, y cesarán las lenguas, y la ciencia acabará. ...Y ahora permanecen la fe, la esperanza y el amor, estos tres; pero el mayor de ellos es el amor". 1ra Corintios 13

Podemos escribir poemas o predicar hermosos sermones del amor de Dios, pero vivir en amor o sufrir el amor, son dos cosas totalmente distintas. Es muy fácil con palabras hablar de lo mucho que podemos amar y desear la restauración de tal persona, orar para que Dios la liberte, la sane o lo salve.

Esta manifestación de amor, si se puede llamar así, a la verdad es sencillo practicarlo. Pero cuando se trata del verdadero amor, demanda que suframos el agravio, que soportemos el dolor, este es amor que no todos están dispuestos a manifestar.

Los Escribas, los Fariseos e Intérpretes de la Ley eran personas que procuraban guardar una santidad fiel a las Sagradas Escrituras, sin embargo, la falta de amor y misericordia en la vida de ellos hizo que el Señor le gritará a voz en cuello, "hipócritas, sepulcros blanqueados".

Señor, he venido a ti y nada ha sucedido

Y siendo esto una verdad, quizás usted piense lo que pensamos en ese momento; que Yiye no estaba procediendo según las enseñanzas del Señor. En ese momento no comprendí lo que el Señor le dijo al preguntarle que hacer conmigo. *"El Señor me dijo que te expulsara"*. Luego lo entendí y desde entonces le doy gracias a Dios porque me sacó fuera del campamento para poder ser sanado y conocer la misericordia del Señor en otro nivel.

Cuando Romanos 8:28 dice que todas las cosas obran para bien de aquellos que aman a Dios, esto incluye nuestras caídas. Hoy, que actualizo esta revisión del libro apenas en mis 60 años de edad comprendo con más clara convicción que fue parte de mi proceso para alcanzar la madurez espiritual necesaria para emprender la obra en Sur América a la que fui llamado por Él Señor.

De hecho, cuando me encuentro nuevamente a días de retomar o iniciar verdaderamente mi llamado el Espíritu Santo me ha hecho comprender que soy enviado a levantar a miles de hermanos y siervos que como yo cayeron en el camino, pero no han podido levantarse. Y estoy seguro qué, muchos de ellos, fueron una vez fruto de alguna Campaña de nuestro amado hermano Yiye.

Salí del hogar de Yiye pensando que todo había terminado para mí. Le había fallado al Señor que me había llamado al ministerio y a Sur América. Entonces a mi mente llegaron estas palabras que creo venían del mismo diablo: *"Bueno Toño, estás acabado, ya no eres evangelista del Señor. Lo que te espera son las drogas, el licor y la muerte. Le fallaste al Anciano de cabellos blancos y vestiduras largas que te llamó a Sur América. Estás acabado. ¿Y ahora: qué?"*

Yo mismo no podía aceptar el perdón. Rechazaba que pudiera ser perdonado y restaurado nuevamente. Lo veía imposible por las muchas experiencias personales que había vivido con el Señor. Cuantas experiencias de las cuales me llenaba de gozo predicarlas, tantos testimonios que prediqué que condujeron a tantas almas a los pies de Cristo. No es imposible que sea perdonado, merezco morir y ser lanzado al infierno. No soy merecedor de ser llamado Su hijo, ni mucho menos evangelista o siervo de Dios, todo acabó para mí.

¡Pero el Señor nos ama con Amor A Puertas Abiertas! La travesía por mí desierto había comenzado. Sentirse abandonado es un sentimiento que en nuestro interior comienza a confrontarnos con nuestros errores y malas decisiones.

Nos hace sentir viles. Es ahí cuando también la gracia de Dios se manifiesta haciéndonos sentir el verdadero amor de Dios que sana y restaura. Jesús prometió estar con nosotros todos los días hasta el fin y esa promesa no cambia por las circunstancias en que podamos estar no importando cuales sean. Repito, no importando lo grave del pecado.

Aunque amarga la copa y duro el camino a consecuencias de mis errores, todo obrará para bien. Aún tú caída. Increíble pero cierto.

"Hijitos míos, estas cosas os escribo para que no pequéis; y si alguno hubiere pecado, abogado tenemos para con el Padre, a Jesucristo el justo". 1 Juan 2:1

Capítulo 14
AMONESTADO POR JOSÉ EL SOÑADOR

"Y sabemos que a los que aman a Dios, todas las cosas les ayudan a bien, esto es, a los que conforme a su propósito son llamados".
Romanos 8:28

Tengo que decir que Dios tiene todo en control. A Él no lo toma por sorpresa las decisiones o actuaciones que podamos hacer en las distintas adversidades o situaciones que enfrentamos en nuestra vida. Ahora fuera del ministerio, me dediqué por completo a trabajar como fotoperiodista de Telenoticias de Telemundo en Puerto Rico.

Como para mis últimos años en el ministerio estuve trabajando en La Cadena del Milagro la cual estaba en sus comienzos, había hecho varios contactos con los medios noticiosos seculares a los cuales, en ocasiones cuando sucedía un evento noticioso en nuestra área, los cubría con mi cámara de video y se los suministraba.

Me convertí en un camarógrafo de noticias por cuenta propia. Conseguí un radio con el cual escuchaba la frecuencia de la Policía y tan pronto sucedía la noticia, ahí llegaba yo con mi cámara. Me entregué por completo en la búsqueda de la noticia. Hice muy buenos contactos en la Policía; los Agentes de las distintas Divisiones se comunicaban conmigo para darme las noticias. Muchas de ellas exclusivas, lo que me hizo ganar prestigio en el canal.

Yo había comenzado a grabar las noticias con una pequeña cámara VHS, pues cuando se trata de una noticia de impacto, la calidad del video no es más importante como no tener imágenes que presentar durante el noticiero. Un día me reuní con el director de las Noticias y le dije: "Estoy tomando noticias exclusivas, concédame la cámara del compañero que se retiró para mejorar la calidad de la imagen del video". Era una cámara profesional de televisión.

Mi petición fue aceptada y aunque yo no era empleado regular del canal, pues trabajaba por cuenta propia, me entregaron todo el equipo profesional para que lo tuviera conmigo 24 horas. Para mí era de orgullo cuando llegaba a una escena con mi cámara identificada con el logo de Telemundo lo que más puertas hizo que se me abrieran.

A veces escuchaba por mi radio cuando un agente de homicidios llamaba a la comandancia para informar un 10-7 (persona muerta) "llamen al Fiscal de turno y llamen a Herrera". No importaba la hora ese fue el medio que durante los próximos 7 años llevé el sustento a mi familia. Al principio me era difícil cubrir escenas de asesinatos, accidentes fatales, noticias que solo eran desgracias y dolor del ser humano.

Luego de seis años de estar trabajando para Telemundo, como camarógrafo independiente, fui contratado como empleado con todos los beneficios marginales. Esto para mí fue un logro, pues era muy buena la paga y los beneficios a los que tenía derecho. Ahora debía cumplir con un horario y salir con el reportero que se me asignaba cada día. El trabajo me gustaba, pues era como una aventura cada día en la que la prensa era protagonista.

Recuerdo en muchas escenas y noticias donde acudía que alguna persona me reconocía; *"Oiga, ¿usted no es el evangelista José Herrera del ministerio de Yiye Ávila?"* Sí, yo soy. Pero, rehusaba hablar del tema y me alejaba recordando en mi corazón mi triste realidad. Por lo general, cuando salía de mi trabajo, acudía al punto de ventas de drogas para luego sentarme en alguna barra a ingerir licor. Así, como el payaso que sonríe, pero por dentro está llorando, viví durante ese tiempo.

En ocasiones cuando llegaba al hogar tarde en la noche y ya mis hijas dormían, siempre mi fiel esposa Marisol me esperaba para luego acostarse a dormir. Me sentaba en el balcón y mirando hacia el cielo, lloraba sin consolación recordando quién había sido en la obra del Señor y en lo que ahora me había convertido.

Si bien viví días de angustia los días y años que esperé que el Señor cumpliera sus promesas de ir a Sur América a predicarle a las almas mi testimonio, ahora la angustia era mayor, pues había fracasado. Aunque me había propuesto en el corazón olvidarme de mi Señor cuando me expulsaron del ministerio, la realidad fue que no podía negarlo.

Mi tema de conversación en las barras cuando conocía a alguien y compartíamos los tragos y la droga, era el Señor. De hecho, fueron muchas las personas que conocí en barres y en lugares de mala muerte los cuales resultaban ser cristianos apartados caídos de la gracia como yo.

Muchos de esas personas estaban deambulando por las calles a los que me les acercaba y les decía: "toma estos $20 dólares, compra tu cura y la mía y luego vamos a hablar". Luego de usada la sustancia, les decía; "Yo soy un evangelista caído de la gracia del Señor…"

Así me desahogaba con ellos contándoles mis experiencias vividas con el Señor, mi llamado a Sur América, mis revelaciones y sueños que tuve durante el tiempo que viví en el ministerio. En una de esas ocasiones, llegué a compartir drogas en la barriada la Perla en San Juan con tres personas. Uno era jamaiquino, otro era un boricua y el tercero era un africano que no hablaba bien el español. Con este último, mientras fumábamos marihuana, entre tanto los otros dos se inyectaban heroína, comenzamos a hablar

Señor, he venido a ti y nada ha sucedido

del Señor en el balcón de aquella casa abandonada. La presencia del Espíritu Santo se dejaba sentir sobre ambos.

Él con sus ojos llenos de lágrimas luego de escuchar mi historia, me dijo: "José, este no es tú mundo, tienes que regresar a ser quién tú eras. Tú tienes un llamado de Dios". Ciertamente tengo un llamado y creo que debo de regresar primeramente a mí casa, no está bien que mi esposa y mis hijas estén sufriendo por mí sin saber de mi paradero, pues llevaba tres días fuera de mi hogar.

Es triste recordar el sufrimiento que les causé a mis seres queridos. Regresando a mi hogar, la tensión de enfrentarme a ellos, en ocasiones me hacían estar otro día fuera del hogar. Yo que siempre era un hombre casero, que mi delicia era estar en el seno de mi hogar, sentados con mi esposa e hijas viendo la televisión, ahora también deambulando por las calles. Fueron días tristes y amargos los que sufrimos.

Pero Dios, no se había olvidado de mí. Me continuaba inquietando, dándome sueños y revelaciones. En una de esas ocasiones, tuve un sueño donde me veía con mi nueva apariencia, ahora con barba, que me acercaba a un ataúd. Cuando miro la persona que estaba dentro del ataúd, era yo vestido de blanco durmiendo. Me volteo en el ataúd y sigo durmiendo.

Desperté espantado al verme dentro del ataúd. Comprendí en ese momento que, aunque estaba dentro del ataúd como si estuviera muerto, no lo estaba, solo dormía dentro del féretro. Comprendí que tenía oportunidad de levantarme, pero las nuevas ataduras me lo impedían. Los pensamientos que me impedían levantarme eran los recuerdos de cuando fui libertado aquella gloriosa mañana del lunes 29 de junio de 1981. Mi gran obstáculo era yo mismo no aceptar que el Señor me podría perdonar y restaurar nuevamente.

Pero si bien yo me había rendido, no así nuestro Amado Salvador Jesucristo. Una noche en sueños me dio la maravillosa experiencia de ver y de ser amonestado por uno de los protagonistas de la Biblia que admiro; JOSÉ. Si de José el soñador hijo de Jacob, Gobernador de Egipto. En ese sueño, veo a esta persona de tez trigueña, vestida con una túnica de colores, sentada en un trono, mirándome fijamente con una gran sonrisa en su rostro. Cuando lo vi bajé mi cabeza y comencé a llorar con gemidos acercándome a él. Cuando llegué frente a él, lo abrasé y seguía llorando y gimiendo en mí espíritu por mi pecado. Él colocando sus dos manos sobre mis hombros y sacudiéndome fuertemente me enfatizó en dos ocasiones diciéndome:

"JOSÉ, TIENES UN LLAMADO DEL SEÑOR.
TIENES UN LLAMADO DEL SEÑOR".

Desperté llorando, sintiendo en mí espíritu la convicción que era José. Hoy día recuerdo su rostro y lo colorido de su vestidura. Estoy tan seguro era José el hijo de Jacob la persona que vi en este sueño que cuando llegue al cielo lo podré identificar a la distancia al verlo y nuevamente lo abrasaré.

Aunque esto fue una experiencia que me estremeció en gran manera, no fue suficiente para hacer que volviera a retomar lo que había permitido el enemigo me despojara. La batalla en mi mente era continua. *Le fallaste a Dios luego de haberlo conocido y haber sido su predicador. Ya no es lo mismo.* Me invadían los pensamientos negativos en mi mente a diario cual campo de batalla explotaban causando graves daños, pues no me permitían entender que como a Pedro, yo también podría ser restaurado.

Capítulo 15
LA VOZ AUDIBLE DE DIOS

Fueron durante esas noches de deambular, perdido por las calles de San Juan y compartiendo conversaciones con personas de la calle que una vez fueron cristianos y ahora estaban sumergidos en las drogas, que Dios comenzó a revelarme el significado de aquella visión que había tenido mi esposa cuando nos casamos: "AMOR A PUERTAS ABIERTAS". Un Albergue donde les daríamos el amor, la comprensión y la ayuda necesaria para ayudar a tantas personas que una vez estuvieron en el Señor. Ir en busca de esas ovejas que una vez abandonaron el redil y fueron olvidadas aún por sus propias familias.

Estos pensamientos y el significado de lo que sería Amor A Puertas Abiertas se fueron ampliando en mi mente, pero mi conciencia me acusaba de haberle fallado al Señor. El recuerdo de mi caída de la gracia y expulsión del ministerio, no me daban el ánimo para simplemente tratar de comenzar una vida cristiana. Esto no sería fácil para mí. Pero mientras en mi casa todos dormían, me iba a solas al balcón a llorar delante del Dios que oye y ve en silencio.

Una noche cuando llegué a mi hogar, al bajar de mi auto me arrodillé y con mi rostro en la grama hice un clamor a Dios:
"Señor, ayúdame, renuncio al pecado, renuncio a las drogas, renuncio a mi trabajo, renuncio a todo lo que me impida servirte, estoy dispuesto a comenzar el ministerio Amor A Puertas Abiertas, pero necesito que me ayudes, por favor visítame con tú presencia restauradora".

En esos momentos, Mary salió al balcón y me vio de rodillas. Le dije: El Señor me está llamando para que levantemos Amor A

Puertas Abiertas. Ella estaba molesta, pues yo siempre llegaba maloliente a cigarrillo y alcohol. En ese momento haciendo un gesto de rechazo con sus manos, no creyó en mi sinceridad. Creía que solo lo hacía para hacerla sentir que estaba dispuesto a cambiar el estilo de vida que llevaba.

No la culpo por esto, pues en muchas ocasiones que me había dispuesto a cambiar y pasaba al altar en nuestra Iglesia para reconciliarme con el Señor y hacía un compromiso de cambiar, pero en todas las ocasiones había fracasado volviendo nuevamente a lo mismo. Pero luego de haber hecho ese clamor de rodillas frente a mi casa, de lo más profundo de mi corazón hice un pacto con Dios, una noche fui visitado por el Señor quien despertó el alma que dormía en el ataúd.

En mis sueños, me veía mirando al cielo con mis manos levantadas. En el cielo, veía un torbellino, era un gran circulo cubierto por nubes que giraba relampagueando y haciendo un sonido fuerte que no tengo palabras para describir.

Creo que era el mismo "torbellino" desde el cual Dios le habló a Job que se menciona en el capítulo 38 de su libro. Espantado y sintiendo la poderosa presencia del Espíritu Santo escuché una voz llena de amor y autoridad que me llamó por mi apodo diciéndome:

"Toño: Yo perdoné tú pecado, ¡predica mi venida!"

Al pronunciar esas palabras, habiendo un estruendo poderoso desapareció el torbellino quedando yo impactado y lleno de Su Presencia. El Espíritu Santo corría por todo mí ser como aquella primera vez en la Avenida Ponce de León. Experimenté el poder de cómo será el rapto de la Iglesia que dice la Escritura será en un abrir y cerrar de ojos será la venida del Señor para su pueblo.

Señor, he venido a ti y nada ha sucedido

Esta experiencia me hizo saltar de mi cama y me puso a correr por toda la casa gritando sin cesar glorificando y alabando a Dios. Sintiendo sus corrientes de Aguas Vivas correr por todo mi ser dándole testimonio a mi espíritu que mi pecado había sido perdonado. Hablaba unas lenguas que jamás en mi vida había yo hablado.

Quedé restaurado al instante y emocionalmente mis sentimientos de culpas desaparecieron. "Mary, Mary lo que me ha pasado, lo que han visto mis ojos, el Señor me habló y me ha restaurado, Dios me habló desde su torbellino, el Señor me ha dicho que ha perdonado mi pecado y me dijo que predique Su venida. ALELUYA"

Mary se llenó de gozo al verme restaurado nuevamente lleno de la Presencia del Señor, escuchándome hablar lenguas que en mi vida había hablado. Esta experiencia ha sido una de tantas que me han hecho sentir el verdadero amor que nuestro Padre celestial tiene para sus hijos. Es un amor a puertas abiertas.

Así como el Señor me ha dado testimonio de su Amor A Puertas Abiertas, así también mi esposa Mary. Es por eso que fue a mi amada que el Señor le había mostrado en revelación Amor A Puertas Abiertas, pues el amor iniciaba hacer probado en su vida. Esto lo comprendí luego.

Una vez le había compartido a una persona de la calle con la cual compartí drogas, que el Señor me estaba inquietando a levantar un albergue y si algún día no me veía más, era porque había renunciado a mi trabajo para dedicarme nuevamente de lleno al ministerio. "Miguel, si levanto un albergue y regreso a buscarte, ¿vendrías conmigo? "Muchacho, claro que sí, me voy contigo.

Quisiera salir de la calle y dejar estos vicios. Tengo mis dos hijas que las amo y quisiera estar con ellas y quisiera que Dios me restaure el hogar".

Señor, he venido a ti y nada ha sucedido

Quisiera hoy poder decir que Miguel ha sido uno de los frutos de Amor A Puertas Abiertas Inc. pero lamentablemente tengo que decir, lo buscamos, pero no lo encontramos. Sin embargo, cientos de otros como él, han pasado por nuestro Albergue y sus vidas y hogares restaurados. En los próximos capítulos les reseñaré algunos de ellos.

Capítulo 16
AMOR A PUERTAS ABIERTAS

"Porque yo Jehová soy tu Dios, quien te sostiene de tu mano derecha, y te dice: No temas, Yo te ayudo" Isaías 41:13

Tan solo llevaba como tres meses trabajando como empleado regular en Telenoticias en Telemundo. Algo que había sentido cuando fui nombrado fue que no estaría mucho tiempo trabajando. Luego de esa gloriosa experiencia que restauró mi vida, me senté en la computadora y redacté mi carta de renuncia.

"Herrera; ¿cómo es esto que renuncias, después que luchamos contra la Unión para que tú recibieras la plaza de Fotoperiodista?"

Me reclamó el director del noticiero quien me había ayudado a conseguir la plaza.

Te agradezco todo lo que has hecho por mí. Quizás tú no entiendas ahora por qué renuncio, pero quiero que sepas que yo tengo un llamado de Dios. Mi mundo no es este. Si me quedo aquí, voy a perder mi alma. El Señor me está llamando a levantar un albergue para personas sin hogar. Tú sabes quién era antes de trabajar aquí en Telemundo. Tengo un llamado del Señor y me está llamando nuevamente a lo que era antes. El llamamiento de Dios y los dones dice la Palabra son irrevocables. Muchas gracias por la oportunidad que me distes durante estos siete años".

Mi renuncia fue efectiva el 31 de diciembre de 1999. El nuevo milenio estaba por comenzar y me había propuesto comenzarlo sirviendo de lleno al Señor. Llegado el día, entregué todos los equipos y me marché para mi hogar. Mary estuvo de acuerdo que renunciara, aunque sentía temor porque ahora no estaría generando dinero para cubrir los gastos del hogar, el pago de la hipoteca era lo más que nos preocupaba, pero confiamos que el Señor sería nuestro proveedor.

El 16 de febrero de 2000 fue incorporado como una organización sin fines de lucro en el Departamento de Estado de Puerto Rico, Amor A Puertas Abiertas Inc. Teniendo solo una visión fluyendo por mi mente, sin equipos o un local que sirviera de albergue, comenzamos con lo que teníamos en ese momento; el caldero de Mary.

Comenzó añadiendo unas tazas adicionales de arroz en el caldero y presas extras de carnes en el sartén. Compramos unos platos y cubiertos sanitarios y luego que la comida estaba lista, me llevaba siete platos empacados en busca de personas sin hogar que viven en las calles de nuestro pueblo de Hatillo a los cuales les servíamos con amor y una Palabra del Señor. Les compartía nuestra visión de levantar un albergue donde los llevaríamos para ayudarlos a salir de las calles, lo que estos nos agradecían.

Inmediatamente se fueron uniendo un grupo de hermanos de distintas Iglesias a los cuales luego de que se enteraban de nuestro llamado, de levantar un albergue, se emocionaban y querían formar parte. Ya teníamos varios clientes que esperaban la rica comida de Mary. Mi esposa es muy buena cocinera. De hecho, es la que por lo general nuestro Pastor siempre le pide se haga cargo de comida cuando tenemos actividades especiales.

Así que Amor A Puertas Abiertas Inc. el nombre que mi esposa había visto en visión el cual en esos momentos ella pensaba que era un orfanato por las caritas de niños que veía alrededor del letrero, aparentaba distanciarse de la realidad de su visión. Un día me dijo:

Señor, he venido a ti y nada ha sucedido

"Toño, yo lo que vi fueron caritas de niños y lo que estamos haciendo es dar alimentos a personas sin hogar de las calles, ¿eso no fue lo que vi en la visión?

En esos momentos, aunque ya lo había pensado, sin embargo, para ajustar la visión a lo que estábamos haciendo, le dije:

"Sí, es cierto, pero lo que pasa es que estas personas tienen hijos y llegará un momento en que tengamos que trabajar con ellos cuando sean rehabilitados".

En verdad, al principio así lo entendía, hasta que un día el Señor nos levantó de madrugada y en una bendición el Espíritu Santo me hizo gemir y en llanto comenzó a decir:

"Son mis niños que una vez fueron abusados, son mis niños que han sido maltratados, y Yo cuido de ellos..."

En ese momento me recordaba los relatos de muchos de ellos que nos habían contado como habían sido abusados sexualmente por sus padres, maltratos físicos y toda clase de situaciones negativas vividas durante su niñez en un momento dado de sus vidas, fueron destruyendo la autoestima conduciéndolos al mundo de las drogas y la vida en las calles.

"Señor, ¿dónde está la finca que me has hablado para que levante el albergue para las personas sin hogar?

Una noche oré con desesperación delante del Señor anhelando tener un lugar donde podríamos dar albergue y establecer nuestro programa de rehabilitación. Esa oración que hice un sábado en la noche antes a acostarme a dormir recibió repuesta el lunes a las 6:00 de la mañana. En aquellos días, yo tenía un pequeño auto el cual había recibido a cambio de mi casa que era en madera la cual había sido construida sobre la casa de mis suegros.

Señor, he venido a ti y nada ha sucedido

Como mi suegro había partido con el Señor y nuestra casa estaba teniendo muchas filtraciones de agua, decidimos venderla para levantarla posteriormente en bloques.

Unos vecinos se habían percatado que el auto lo tenía para la venta y ellos necesitaban comprar uno para su hijo que comenzaría sus estudios en la universidad. La venta de ese auto para mi significaba recibir algún ingreso ya que había renunciado a mi trabajo por lo que la situación económica nos estaba afectando. Luego de la oración del sábado en la noche y luego del culto del domingo en la mañana, llegó a mi casa una persona que nos pagó $1,000 dólares por el auto. ¡Que bendición!

Pagamos la hipoteca de la casa y nos gozamos viendo como el Señor nos había suplido un comprador que llegó al mismo hogar. El lunes como a las 6:00 de la mañana, luego de haber estado orando, mientras leía la Biblia en la sala, siento que se estaciona un auto frente a mi casa.

Al salir, veo que era un vecino que solo conocía porque lo veía pasar. Nunca habíamos hablado ni mucho menos nunca me había visitado. Me pregunto a mí mismo, ¿le habrá sucedido algo en su casa y necesita ayuda?

Cuando salgo al balcón me dice: *"¿Buenos días, disculpe la molestia tan temprano, es que miré que la luz estaba prendida y me detuve porque estamos interesados en el auto que vende?"* *"Ay bendito, ayer mismo lo vendimos. Apareció una persona con el dinero y ayer mismo se lo llevó. Si me lo hubieran dicho antes, pero... No se preocupe que Dios tiene algo mejor para ustedes".*

Le dije para consolarlo luego de ver su gesto de pena por haber llegado tarde. Seguí diciéndole:
"Dios nos ha llamado a levantar unas facilidades para personas sin hogar donde les daremos a estas todo lo que necesiten para comenzar una nueva vida y sobre todo donde reciban Amor A Puertas Abierta".

Señor, he venido a ti y nada ha sucedido

Mientras continuaba predicándole la visión de lo que sería Amor A Puertas Abiertas Inc. me interrumpió: *"Pero si nosotros tenemos en el pueblo de Lares un Edificio que tiene 16 habitaciones, cuatro 4 baños, sala, comedor, cocina y tiene tres cuerdas de terreno. Yo le digo que aquella estructura es como el Arca de Noé, Y se lo hemos ofrecido al Municipio para que hagan un albergue, pero nos dijeron que no podían aceptarlo.*

El edificio está abandonado, nunca se pudo usar, porque el huracán Georges devastó el techo y se perdió. Nunca se repararon los daños".

Cuando escuché eso, lo interrumpí y le dije: *"Gloria a Dios, mire no es casualidad que usted se detuviera a esta hora de la mañana aquí; precisamente el sábado por la noche mientras oraba le preguntaba al Señor por la finca que me había mostrado para que levantara el hogar y ahora, antes de que llegaras estaba orando por lo mismo, y usted que llega aquí a mi casa.*

Si ustedes nos ceden ese lugar para que nosotros establezcamos el albergue, mira ese carro que está ahí, es suyo, no me lo tiene que pagar".

Era mi auto, un KIA modelo Sephia del año 95. Estaba mucho mejor que el que él quería comprar, pues el mío tenía solo cinco años de uso y estaba como nuevo ahora con un valor de $5,000 dólares. El venía a pedir un plan de pago si le hubiese vendido el otro auto.

"No cómo va hacer, nosotros le cedemos el edificio para que levanten el albergue y no me tiene que regalar el auto". Me enfatizó a lo que le dije: *"Mire Dios lo ha traído aquí para bendecirme, permítame yo bendecirles a ustedes. El auto es suyo".*

Contento él y yo lleno de gozo, acordé buscar un abogado que nos hiciera el Contrato de Arrendamiento por $1.00 dólar al año.

Señor, he venido a ti y nada ha sucedido

Aunque el edificio estaba abandonado y ciertamente se necesitaría mucho dinero para rehabilitarlo, sin embargo, ya teníamos algo para empezar.

Fuimos a ver la finca con el edificio y nos sentimos bendecidos y llenos de fe para comenzar a buscar los recursos que se necesitarían. Ahora no solamente distribuíamos comida, sino que teníamos esta propiedad a nuestra disposición.

Al siguiente día fuimos todos a ver la finca en el pueblo de Lares. Estaba bien abandonado el lugar. La maleza alta y el edificio con agua en todas las habitaciones. Se veía como un reto enorme rehabilitarlo, pero en ese momento yo sentía tener la fe para reconstruirlo.

Lo veía como un diamante sin pulir el cual brillaría para la gloria del Dios Todopoderoso. Nos retratamos en el edificio y de inmediato, al día siguiente me fui al pueblo de Arecibo en busca de un abogado que nos hiciera el Contrato de Arrendamiento.

En los días cuando era camarógrafo de Telenoticias e iba al Tribunal para cubrir algún caso noticioso, me hizo conocer a muchos, por lo que en un momento pensé que no sería difícil. Inmediatamente visité a este Licenciado el cual era cristiano.

Este sin embargo lo conocía no del ambiente noticioso, sino de la Iglesia, pues tuvo que representar nuestra congregación en cierto litigio. Esto me hizo crear la siguiente idea en mi mente: "Es cristiano y cuando le dé el testimonio de cómo el Señor nos proveyó esta finca para levantar el albergue, de cierto no cobrará un centavo y lo hará Pro-Bono.

Entiendo que el obrero es digno de su salario y no es pecado que un cristiano cobre a otro cristiano por algún trabajo, pero cuando usted no tiene con qué pagar y es para la obra del Señor, uno suele esperar cierta consideración de parte de un hermano en la fe.

–Gloria a Dios. Me dijo el hermano Licenciado. –Preparar este Contrato cuesta $250 dólares. Tengo que hacer esto y aquello. Hace falta la Escritura…

En ese momento, aunque lo miraba y él creía que lo estaba escuchando, en mi mente sólo pensaba en la oportunidad para salir de su oficina. No quería ser grosero, así que en un momento en el cual hizo una pausa de todo lo que debería yo hacer, le dije: *"Muy bien, pues voy a ver como hago primero para conseguirle el dinero y demás requisitos; me comunicaré luego con usted, gracias y que el Señor le bendiga".*

Decepcionado y pensando que no le causó la más mínima impresión el testimonio de lo que el Señor estaba haciendo, me fui caminando hasta que llegué frente al Tribunal de Justicia de Arecibo.

Allí en el preciso momento en que estoy buscando en mi mente, cual otro abogado acudir, viene saliendo el Licenciado Héctor Varela y compañero de Bufete el Licenciado Carlos Ruiz. Cuando me ve, en alta voz me grita: -¡Herrera, que haces por ahí, tanto tiempo que no te veía! ¿Qué estás haciendo ahora?

El Licenciado Varela era Fiscal de Distrito antes de abrir su Bufete y en aquellos tiempos cuando era camarógrafo de noticias hicimos una gran amistad. Hacía más de 1 año que no nos veíamos y no sabía que se dedicaba a la práctica privada como Abogado.

Como cuestión de hecho, el Licenciado Varela es un hombre temeroso de Dios, no era un cristiano practicante como el que había consultado primero.

Cuando lo escuché llamarme y preguntarme qué estaba haciendo ahora, la Unción del Espíritu Santo descendió sobre mí haciendo fluir por mis labios la respuesta. ¿Qué hago aquí? Que maravilloso es el Señor pues mientras estoy aquí pensando que necesito un abogado que nos haga un Contrato de Arrendamiento de una finca con un edificio de 16 habitaciones que el Señor nos ha dado para que levantemos un hogar para personas sin hogar y mientras estoy aquí orando y preguntando al Señor; quién Señor, dirígeme a qué abogado debo de acudir y tú que te presentas aquí. ¡Aleluya!

Mientras yo le testificaba se le llenaron sus ojos de lágrimas. Me abrazó y me besó varias veces en el cachete y me dijo: -*Yo te haré ese Contrato de Arrendamiento y no solo eso, sino que todo el Asesoramiento Legal que necesites, "afidávit" o declaraciones juradas no se te cobrará un solo centavo. Haga la misión que el Señor le ha llamado hacer, quién sabe yo necesite un día de tu servicio, porque uno no sabe las vueltas de la vida.*

Y no te preocupes porque el trabajo con esas personas será duro, si por cada diez personas sin hogar que logres hospedar en ese albergue y tan solo uno logre rehabilitarse, habremos hecho el trabajo. Quiero ser parte de esta obra del Señor, Amor A Puertas Abiertas.

Luego que secar las lágrimas de nuestros ojos conversamos un buen rato y coordinamos el día para la preparación y firma del Contrato de Arrendamientos. Quiero agradecerles nuevamente al Bufete Ruiz y Varela por este medio todo lo que han hecho por nosotros, por haber creído en nuestro llamado y dejarse usar por el Señor. ¡Que el Señor los bendiga!

Muchachos del Programa de Rehabilitación Clamor en el Barrio de Arecibo, Puerto Rico nos ayudaron en la limpieza y el Municipio de Lares nos brindó ayuda con el recogido de los escombros.

Ahora con esta propiedad podía preparar una Propuesta para solicitar fondos y ayudas que nos permitieran habilitarlo para comenzar a dar servicio de albergue a nuestros clientes de la calle. Yo no sabía cómo hacer una Propuesta para solicitar fondos por lo que me dediqué a participar en distintos Talleres relacionados

Señor, he venido a ti y nada ha sucedido

a Propuestas para solicitar fondos al gobierno y otras entidades. Eran como quince hermanos que estaban entusiasmados y compartiendo la bendición que Dios nos estaba dando.

La sala familiar de mi hogar era el lugar donde comenzamos a dar cultos y donde formalizamos una directiva. Yo comencé a escribir nuestra Propuesta la cual ilustraba con fotos del edificio, de 16 habitaciones en un lugar perfecto para establecer un albergue.

Además, ilustraba con fotos el trabajo que realizábamos en la calle. Así estuvimos el primer año. Tocando puertas aquí y tocando puertas allá en busca de ayuda, pero nada sucedía.

Una vez más en mi vida comenzaron los desesperos por ver realizado nuestro sueño de poder tener nuestro albergue y aunque recibir esa propiedad nos había llenado de gozo y esperanzas, sin embargo, sabía que era mucho el dinero que se necesitaría para rehabilitar ese edificio.

Finalizada la Propuesta la sometí a tantos lugares que en principio creía que responderían positivamente, pero nada. Esto comenzaba a decepcionarme, en muchas ocasiones, solo recibíamos palabras de elogios, pero no recibíamos la ayuda que solicitamos.

Lamentablemente en determinado momento, algunos pastores que conocían mi trayectoria en el Ministerio Cristo Viene y por ser uno de los evangelistas que cayó de la gracia, no creían en mi llamado. Les pidieron a algunos de sus miembros que estaban apoyándonos que desistieran de hacerlo. Esto provocó el retiro de algunos hermanos que sentían que debían obedecer a sus pastores. Esta situación nos entristecía, pero no pusimos resistencia ni creamos ningún tipo de controversia con sus pastores. Solamente les hacía la siguiente pregunta cuando me decían que ya no volverían a colaborar con Amor A Puertas Abiertas Inc. Le preguntaba:

Señor, he venido a ti y nada ha sucedido

"Las veces que nos reuníamos en mi casa para orar y dar culto al Señor, o mientras llevamos comida a las personas sin hogar, la bendición del Espíritu Santo que se manifestaba, ¿era del Señor?"

Lo que todos me respondían: *"Si, era el Señor". Entonces, que piensas, ¿Si está aquí, no crees que Dios me perdonó y restauró mi vida?* "Claro que sí, no tenemos duda de eso, pero, tengo que obedecer a mi pastor". "No hay problema hermano, Dios te bendiga y gracias por todo".

Esto sucedió con varios de los hermanos que se habían unido a nosotros que eran miembros de otras iglesias. En una ocasión, transcurrido ya más de un año de estar trabajando y buscando ayudas para la rehabilitación del edificio, Mary me dice: *"Toño, que está pasando, estamos estancados".*

Mary se estaba desanimando, pues aparte de que habíamos caído en un periodo en el cual se estaban retirando los hermanos voluntarios, también no recibíamos ninguna respuesta positiva a las Propuestas que sometíamos. *¿Qué está sucediendo, Toño?*

Esas palabras fueron como una espada aguda que atravesaba mi corazón que me hizo derramarme en oración delante del Señor.

"Señor, tú sabes que estamos haciendo lo que nos llamaste a realizar, nos has bendecido, hemos recibido este edificio, pero no vemos que suceda algo que nos permita comenzar nuestro albergue. Que sucede Señor, ¿cuándo voy a ver tú mano obrando para que tengamos el albergue?" Fue mi oración con un espíritu quebrantado la que me produjo la pronta respuesta de Dios.

Luego de haber hecho esa oración, esa noche tuve el siguiente sueño: En el sueño me vi cuando llegaba en mi auto al Ministerio Cristo Viene. Al bajarme del auto veo a la hermana Sonia Cajigas que viene hacía mí y me dice: *"Toño, estaba orando y el Señor me dijo que te dijera que cuando te quedes solo".*

Señor, he venido a ti y nada ha sucedido

Desperté de madrugada entendiendo claramente la respuesta del Señor a mi pregunta. Comprendí que aún el grupo de hermanos que permanecían ayudándonos, también se marcharían.

Y así sucedió. A los pocos días, llega al hogar uno de los hermanos y me llama aparte me dice: *"Hermano Toño, ¿usted no ha visto lo que salió por la televisión en un programa de chismes? Están diciendo que un camarógrafo de Telenoticias tuvo un romance con una reportera. Mencionaron su nombre y que usted usaba cocaína".* ¿Qué dices? Pregunté escandalizado.

Sintonizando el programa salió la información al aire. A la verdad, algunas de las expresiones eran ciertas, pero otras no. Especialmente lo del romance con la reportera, nunca hubo tal romance como se dijo. Ese día comprendí que era un ataque del enemigo para destruir lo que apenas estaba comenzando.

Esta información salía al aire luego de varios meses de estar reconciliado con el Señor y viviendo una nueva vida restaurada. Si hubiera salido al aire estando yo apartado, no importaba, pero esa información que salía por la televisión me cerraría las puertas en muchos lugares. Esa noche, luego de finalizado el programa les dije a Mary, mis hijas y los hermanos en la sala de mi casa:

"Vamos a orar al Señor, si él me muestra que debo ir a ese programa para aclarar la situación, que el Señor me dirija qué debo hacer."

Por la noche, en oración me derramé en llanto delante del Señor, desanimado sintiendo en mi mente una opresión terrible. Mis pecados perdonados por el Señor querían aparecer en escena para destruirme. Le pregunté al Señor que debía hacer al otro día, si debía comunicarme con ese programa para aclarar las cosas.

Luego de orar y acostarme a dormir, fui despertado escuchando a René González cantando el himno "Mi Iglesia". Específicamente el verso que dice: *"...que muestre mi imagen que es la del amor.*

118

Señor, he venido a ti y nada ha sucedido

¿Dónde está mi Iglesia que fue perdonada, que fue librada del castigo atroz...?" ¡ALELUYA!

El Señor me contestó la oración mediante la letra de ese himno. Entendí que debía de presentarme en televisión y dar testimonio de lo que el Señor hizo en mi vida, no importando las consecuencias.

Esa alabanza verdaderamente fue una inspiración y me ha ministrado personalmente en forma muy especial. De hecho, creo que esa alabanza dice lo que es la misión y visión de Amor A Puertas Abiertas Inc.

¡Que el Señor te siga bendiciendo amado hermano René González! Su música ha sido de gran bendición para mi alma. Recibida la respuesta del Señor, me presenté al programa de chismes para aceptar mis errores, pero para también aclarar las mentiras.

Me entrevistaron y aclaré toda la situación. Di testimonio de mi reconciliación con el Señor y el llamado que ahora estaba ejerciendo. Obedeciendo al Señor, hice mi aparición en el programa. Esto provocó que los hermanos que aún estaban respaldándonos se alejaran por completo. Aunque nos sentimos sumamente dolidos y desanimados, la palabra que el Señor me había anunciado;

"Toño, cuando te quedes solo" me hacía comprender que era parte del plan divino. Dios así lo había determinado con un propósito del cual aprendimos la lección. ¿Dónde está la Iglesia que fue perdonada? La iglesia que ha recibido Amor A Puertas Abiertas.

Luego de ese escándalo, los hermanos voluntarios que quedaban se marcharon. Solamente mi esposa, mis hijas y yo quedamos con nuestro Señor. Parecía que la obra había llegado a su final.

Cuando iba al supermercado o al Centro Comercial, veía como la gente me miraba haciendo gestos a sus acompañantes.

Mi pecado me había puesto en un mostrador público. Sentir que es uno la comidilla del día juntamente con las presiones de querer levantar una obra detenida por el momento, el pago de la hipoteca atrasada, cartas y llamadas de cobro a diario, ahora sin auto, era suficiente presión para cometer suicidio o para sencillamente decir, no más, me rindo, esto se acabó. Me siento en la banca de la Iglesia hasta que el Señor venga por mí o yo me muera y vaya a él. Mi tiempo para el Ministerio pasó. Fue la emoción la que me movió a cometer esta locura de querer levantar un albergue. Soy un fracaso. ¡El diablo es un mentiroso!

Mi mente era bombardeada día y noche. Especialmente cuando recostaba mi cabeza en mi almohada, las granadas y saetas del enemigo me recordaban mis fracasos queriendo desalentarme. Pero cuando usted ha tenido una palabra viva del Señor, no será posible rendirse ante las presiones. Muy bien el Apóstol Pablo escribió:

"Pero tenemos este tesoro en vasos de barro, para que la excelencia del poder sea de Dios y no de nosotros, que estamos atribulados en todo, mas no angustiados; en apuros, mas no desamparados; derribados, pero no destruidos; llevando en el cuerpo siempre por todas partes la muerte de Jesús, para que también la vida de Jesús se manifieste en nuestros cuerpos".
2 Corintios 4:7-10

Mientras todo esto ocurría, tuve que ir un día a la Oficina del Departamento de Hacienda para solicitar la Certificación de Exención Contributiva de Amor A Puertas Abiertas Inc. como organización sin fines de lucro, lo cual es un documento que requieren todas las entidades gubernamentales y privadas a las que se les solicita fondos.

Señor, he venido a ti y nada ha sucedido

Cuando el funcionario del Departamento me entregó aquel formulario que tenía que llenar con tantas páginas y tantas preguntas que yo no entendía, más toda la presión por la que estaba pasando, confieso que al salir de la oficina me puse a llorar en el pasillo.

Era como la última gota que lleno mi copa de presión. Me detuve en el pasillo sin fuerzas para caminar, completamente desanimado, pensando dejarlo todo ahí, cuando de pronto me llama la atención un mensaje escrito en computadora pegado en la pared del pasillo que leía: *"Porque yo Jehová Soy tu Dios, quien te sostiene de tu mano derecha, y te dice: No temas, Yo te ayudo"* Isaías 41:13

Lo mismo que estoy haciendo ahora, en este preciso momento en que lo escribo hice: me eché a llorar con más fuerzas, pero ahora sintiendo la bendita presencia del Espíritu Santo del Señor corriendo por todo mi ser refrescando mi alma abatida. ¡Gracias Señor por tu fortaleza!

Allí mismo recibí una inyección de fortaleza y regresé a mi hogar fortalecido por el Señor para comenzar a llenar el documento. Hoy me da risa, pues no es nada del otro mundo. Pero en aquel momento, parecía una gran montaña frente a mí. Si estás pasando por algo similar en esta etapa de tú vida ministerial, te digo, este libro es tú mensaje de la pared: El SEÑOR te dice:

"NO TEMAS, NO TE RINDAS, SIGUE ADELANTE CON ESA MISION QUE EL TE HA ENCOMENDADO. EL SEÑOR TE AYUDARÁ. TÚ TIENES UNA PALABRA QUE EL VERBO DE DIOS TE DIO. FIEL Y VERDADERO ES SU NOMBRE. EL LO HARÁ. CREE SOLAMENTE Y ESPERA. ESPERA EN ÉL. NO TE RINDAS. ESPERA"

Señor, he venido a ti y nada ha sucedido

Capítulo 17
PROPUESTA $40,000 APROBADA

El 11 de septiembre de 2001 no solo lo recuerdo como el día que Estados Unidos fue estremecido por los ataques terroristas al World Trade Center en Nueva York, sino porque ese día el cartero trajo buenas noticias. Fue como si el tiempo se detuviera por algún tiempo cuando por televisión en vivo pudimos ver aquellos aviones estrellarse contra las torres gemelas.

Mi cuñado Alex y yo estábamos poniendo una pared de bloques en mi casa cuando un vecino nos gritó que un avión se había estrellado en una de las Torres Gemelas. Sintonizamos inmediatamente la televisión cuando minutos seguidos observamos en vivo el segundo avión estrellarse contra la segunda Torre.

De ese momento en adelante no pudimos continuar trabajando, todos quedamos pegados al televisor viendo las aterradoras noticias de la tragedia. Minutos más tarde, luego de los atentados, el cartero se detuvo en nuestro buzón para dejar la correspondencia. La buena noticia decía así: "La Comisión de Donativos Legislativos de la Cámara y el Senado de Puerto Rico evaluó su Propuesta y aprobó a su agencia un donativo de $40,000 mil dólares". Era una mezcla de alegría y tristeza a la vez la sensación experimentada ese día.

Por un lado, alegres por la carta que nos informaba de la aprobación de nuestra Propuesta sometida, tristes por la tragedia que estremeció al mundo. Era mi primera Propuesta aprobada y aunque les había solicitado un millón de dólares, $40,000 mil no vendrían mal para impulsarnos en nuestra misión.

Señor, he venido a ti y nada ha sucedido

Inmediatamente pensé, esto es tremenda bendición pues este donativo será nuestra primera experiencia fiscal que nos abrirá las puertas para otros. Increíble, sin tener una oficina establecida, sin ningún tipo de licencia y documentos que son requisitos fundamentales en la otorgación de donativos gubernamentales, se nos estaba informando que nos habían aprobado $40,000 mil dólares. "Oh Dios mío. Gracias Señor". Exclamaba saltando de la alegría.

Me acordé del sueño que tuve luego de haber orado al Señor preguntando cuándo comenzaría a ver Su mano ayudando a establecer nuestro albergue que su respuesta fue: *"Toño, cuando te quedes solo"*. Ahora el Señor nos estaba subiendo a otro nivel.

Pero, así como el día que recibimos la carta donde nos indicaban de la aprobación del donativo fue un día de alegría y tristeza a la vez, creo que esa sensación era un presagio de lo que vendría.

¿Se puede usted imaginar cómo me sentí el día en que recibimos esa carta? Habían transcurrido un año y nueve meses en los cuales no tenía un salario. Las cuentas atrasadas, la casa amenazada por el banco de ser embargada, ahora sin auto, dependiendo de otros para llegar a mi destino.

En medio del desierto que habíamos comenzado a cruzar cuando todos nos abandonaron, las presiones económicas no faltaron para convertirse en aguijones utilizados hábilmente por el enemigo en la mente; ¿dónde está el Dios que prometió suplir tus necesidades?

En la carta se me daban unas instrucciones y documentos que debía entregar para que se me entregara una Certificación que presentaría al Departamento custodio del donativo, para que a su vez se hiciera el desembolso. Todo este proceso era nuevo para mí por lo que en cierta manera sentía temor e inseguridad.

Señor, he venido a ti y nada ha sucedido

Buenos días, soy el Director de Amor A Puertas Abiertas Inc. y vengo a buscar la Certificación del Donativo Legislativo que se aprobó a nuestra organización.

–Muy bien Sr. Herrera, estos son los documentos que necesita entregarnos para que le otorguemos la Certificación del Donativo: Certificado de Bomberos, Licencia Sanitaria, Permiso de Uso de ARPE y la Licencia de AMSCAA.

Cuando le expliqué que no teníamos ninguna de esas Licencias ni Permisos porque no teníamos una Oficina y porque precisamente con el dinero que solicitamos del donativo estaríamos condicionando el Edificio abandonado presentado en la Propuesta. Una vez que el edificio esté en óptimas condiciones se solicitaran las licencias y permisos. Donde nosotros trabajamos es en la calle y donde preparamos las comidas, es en nuestro hogar.

-Ustedes necesitan tener una Oficina, una cede para que puedan obtener las Licencias y Permisos. Sin esos documentos no podrán recibir el donativo. Cuando escuché eso, recordé un sueño que había tenido antes de renunciar a mi trabajo de Camarógrafo.
En mi sueño, yo entraba con mi Pastor a un edificio que radica en la Calle Mangotín #724 en el Barrio Carrizales de Hatillo. Entrando al edificio le decía en el sueño, aquí se abrirá una obra para el Señor. Cuando tuve ese sueño en aquel momento el local era ocupado por Fredy Mini Marquet.

Siempre que pasaba por el lugar y contemplaba el movimiento de los clientes, humanamente pensaba que sería imposible el cumplimiento de mi sueño. Sin embargo, cuando el Técnico de la Oficina de Donativos Legislativos me dijo que necesitaba tener una Oficina, recordé que en los últimos días que pasaba por la Calle Mangotín las puertas del negocio se veían cerradas.

Cosa que me hizo detenerme y comprobar que efectivamente ya el colmado no estaba y el local estaba disponible para alquiler.

Señor, he venido a ti y nada ha sucedido

¡Gloria a Dios! –Mary el local que yo había soñado donde abríamos una obra para el Señor está disponible para alquiler.

Comprendiendo que era del Señor aquel sueño y que ahora se presentaba la oportunidad para rentarlo, acudí a la residencia del dueño para indagar sobre el alquiler del local. Carta en mano que me informaba del donativo aprobado a nuestra organización, me presenté al hogar de Don Arsenio: -¡Buenas tardes!

Vengo para saber si está disponible para alquiler el local donde estaba el Colmado. –Está disponible. Me dijo el dueño sumamente entusiasmado. –El local paga $350 dólares mensuales y es necesario un depósito como fianza de $350 dólares. Tenemos que hacer un Contrato de Arrendamiento por un año. -¿podrían ser por cinco? –No hay problema, lo haremos por cinco años.

Ahora venía la parte difícil, rentar el local sin dinero disponible, solo una carta que nos anunciaba la buena nueva del donativo. Mire Don Arsenio, me interesa el local, pero el dinero con el cual le pagaremos la renta viene de esta aprobación que tengo en mis manos. Necesito sacar los Permisos y Licencias de este local para que ellos nos desembolsen el donativo. ¿Usted está dispuesto a esperar el tiempo necesario para hacer ese trámite?

Hacemos el Contrato y nos comprometemos a pagarle la renta a partir de la fecha del Contrato. Nosotros tenemos un Bufete de Abogados que se nos han ofrecido hacer el Contrato gratuitamente. ¿Qué dice don Arsenio? Carta en mano y leyéndola me dijo: -No hay problema. ¿Cuándo firmamos el Contrato?

Cuando Don Arsenio se expresó en lo afirmativo, mi corazón quería estallar de emoción. El sueño se estaba cumpliendo. Para amarrar el negocio le dije: -Mire, estamos en el mes de octubre y aunque no hemos firmado el Contrato tenga por cierto que le pagaremos la renta a partir de este mes. ¿Qué dice usted, don Arsenio? Inmediatamente complacido él con mi oferta me entregó las llaves invitándome a conocer lo que desde ese momento se convertiría en las Oficinas de Amor A Puertas Abiertas. ¡Aleluya! Acordamos que al otro día yo haría las gestiones con nuestros abogados para la firma del Contrato. Estaba deseoso por buscar a Mary para traerla al lugar. –Mi amor, mira lo que tengo en las manos. Son las llaves de nuestras Oficinas. -¿Cómo, sin el dinero de la fianza ni el mes de renta por adelantado que él pedía? Gloria a Dios. Exclamó Mary sorprendida. Regresé luego con Mary y las nenas. Luego mis padres, mi suegra, cuñados y todos glorificaban al Señor por la bendición.

Es una experiencia sumamente maravillosa la que se siente cuando usted recibe el cumplimiento de una palabra recibida en revelación del Señor. Al día siguiente Mary comenzó a limpiar ventanas y a darle un lavado al piso del local. De inmediato comencé a realizar los trámites para sacar las Licencias y Permisos que necesitaba para que nos entregaran el donativo. ¡Que tremendo eres Señor, gracias por esta bendición!

Eran expresiones de agradecimiento y alabanzas que continuamente exclamaba en oración al Señor. Este lugar me había sido revelado cuando aún yo estaba apartado de los caminos del Señor trabajando en Telenoticias. Él anuncia y revela las cosas que han de venir en el futuro a nuestras vidas.

"Pero cuando venga el Espíritu de verdad, él os guiará a toda la verdad; porque no hablará por su propia cuenta, sino que hablará todo lo que oyere y os hará saber las cosas que habrán de venir. Él me glorificará; porque tomará de lo mío y os lo hará saber". Juan 16:13

Capítulo 18
Milagros de Provisión

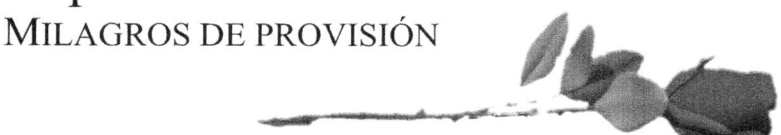

Ahora teníamos una oficina, pero sin muebles. El local de unos 1,000 pies cuadrados estaba vacío. No teníamos nada con que amueblarlo. Un día sentado en una esquina de la Oficina comencé a recordar la lectura de un libro que para el año 1981 había leído en mi trabajo. El libro **"La Cruz y el Puñal"** de David Wilkerson.

Ese libro en aquel tiempo fue de gran motivación para mí y puedo decir hoy día, así como las lecturas que hice de los Evangelios cuando comencé a buscar del Señor, también la lectura de este libro me animó a orar a Dios en busca de ayuda.

Sentado en una esquina de la desierta Oficina, recordaba cómo el Señor le había suplido milagrosamente al Rev. Wilkerson cuando llamado por el Señor a trabajar en las calles de Nueva York fundó lo que hoy es "Teen Challenge" (Reto Juvenil). Le pregunté al Señor; ¿Cómo vas a proveer las cosas que necesito, escritorios, mesas, tablillas, etc.? Señor ¿Cómo?

Antes de tener la Oficina, había tenido un sueño el cual fue la respuesta a las preguntas hechas al Señor en oración. Le preguntaba sobre qué cosas que tendría que enfrentar al levantar el albergue y cómo trabajar con los problemas que envuelven a estas personas desamparadas, en su mayoría adictas a drogas.

Hice estas preguntas porque sentía el temor de volver a fallarle y caer de su gracia como antes me había sucedió estando en el Ministerio Cristo Viene. Esa misma noche recibí en la madrugada dos sueños y una visión al despertar. Quiero que usted entienda que en el sueño Dios nos habla y muestras cosas. Cuando esto sucede, dejan de ser sueños para convertirse en revelaciones. Los sueños no todos se pueden atribuir que son dados por Dios, existen las pesadillas y hasta el enemigo perturba a los cristianos poniendo sueños pecaminosos.

Pero la realidad bíblica, desde el principio, es que los sueños en ocasiones son uno de los medios que Dios utiliza para hablarnos y hacernos ver su voluntad. Ahora, cuando hablamos de una visión de Dios, tenemos que entender que esta es la revelación que se tiene de Él estando despierto. En mis años como cristiano he tenido un sin número de revelaciones por medio del sueño, pero al momento solo tres visiones.

En mi primer sueño me veo en el local que rentamos como Oficina. Veo que el local estaba amueblado con góndolas repletas de alimentos, ropas y toda clase de artículos. Mientras observaban las tablillas repletas de provisiones, miro por la ventana y veo como un maratón de miles de personas endemoniadas que corrían hacia la Oficina tratando de entrar para caer sobre mí. A lo que comencé a cerrar las puertas y ventanas.

Era una lucha de represión espiritual que jamás en mi vida había visto o experimentado. En medio de esa lucha desperté sobresaltado sintiendo la presencia del Espíritu Santo que corría por mí ser como Ríos de Agua Viva dándome testimonio de la veracidad de los sueños. E inmediatamente me quedé dormido nuevamente.

En el segundo sueño, pude ver la construcción del segundo nivel de mi casa finalizada. Me pude ver bajando por una escalera estrecha e incómoda. Cuando entro a una de las habitaciones, comienzo a ver los muebles moviéndose solos de un lado a otro con furia por una fuerza que no veía en el sueño, pero comprendiendo que eran demonios la fuerza que los movía. Cuando en el sueño les advierto a mi familia; ustedes no ven lo que está pasando aquí, escucho la voz de Tehillim que dice; *Yo estoy hace rato reprendiendo.*
Observando en el sueño esa manifestación demoníaca manifestándose en mi casa y sintiendo que venían hacía mí

tratando de agarrarme por la garganta para enmudecerme de tal manera que no pudiera usar mi voz para reprender en el nombre de Jesús desperté sobresaltado en mi cama nuevamente.

Al despertar estando aun en la cama acostado sobre mi hombro izquierdo, comienzo a ver que estoy en un camino lleno de maleza. El pasto me llegaba a la cintura. El camino estaba en medio de dos veredas de árboles. Caminando hasta la mitad del camino me detuve para observar que al final podía ver una estructura y entendí que era el albergue Amor A Puertas Abiertas. Esta visión hermosa duró segundos hasta que se fue desvaneciendo frente a mis ojos.

Ahora sí, levantado me fui a orar y a meditar en toda esa experiencia de sueños y visión recibida. Esta visión la pude comprender con el tiempo, en ese momento no. Todo era algo que vendría en un futuro no lejano. La visión de aquella estructura no era igual a la finca que ya teníamos en Lares. Esta finca es a la orilla de la carretera y lo que vi era una casa pequeña retirada de la carretera al final de un largo camino.

He aprendido, querido hermano, la visión de Dios sobre tú vida es progresiva. Cuando Él nos llama, nos revela parte de sus planes, pero no nos muestra todo ya que sencillamente no estamos en el nivel de poder entenderlo. Es una gloriosa aventura en nuestra vida el proceso de Dios. Vive tranquilo, Él siempre tiene el control de nuestra vida, aunque a veces nos sentimos solos, abandonados y derrotados.

Si el Señor te habla y estás completamente seguro ha sido Él y no una emoción tuya o de algún hermano que te halla profetizado, quizás por equivocación, no temas ni desmayes. El Señor te ayudará y hará todo lo que ha dicho sobre tu vida. Él es Dios. ¿Dices amén a esa Palabra?

Señor, he venido a ti y nada ha sucedido

"Ninguna arma forjada contra ti prosperará, y condenarás toda lengua que se levante contra ti en juicio. Esta es la herencia de los siervos de Jehová y su salvación de mi vendrá, dijo Jehová".
Isaías 54:17

Luego de hacerle este relato de mis dos sueños y la visión que tuve en una misma noche, podrá usted glorificar al Señor conmigo. Un día fui a la oficina y meditaba cómo el Señor haría para proveer lo necesario. Sin dinero en mis bolsillos, cerré las puertas y me dirigí al Centro Comercial Plaza del Norte en Hatillo específicamente a una tienda por departamento para ver los precios de las mesas y escritorios.

Al llegar a la entrada de la tienda veo que algunos empleados estaban sacando unas mesas. Estaban remodelando y parecía que esas mesas las desecharían o dispondrían de ellas.

Mientras voy entrando a la tienda, mirando como sacaban las mesas pienso: "Si me encontrara con Ruth para decirle que hable con el Gerente y ver si nos dona alguna de esas mesas para nuestra Oficina." La hermana Ruth asiste a mi Iglesia por lo que pensé que podían ser buenas las posibilidades para que se nos donaran las mesas. ¡Gloria a Dios! El Señor tiene todo hábilmente programado. Él tiene el control de todo.

Mientras todo esto ocurría en segundos, cuál fue mi sorpresa, pasando por las puertas de entrada a la tienda, Ruth se atraviesa en mi camino a unos diez pasos de distancia. Cuando la vi le grité: -¡Ruth, Dios te Bendiga! Muchacha, pensado en ti ahora mismo estaba. ¿Tú le puedes preguntar al Gerente si nos pueden donar alguna de esas mesas que están sacando fuera de la tienda? Sabes que ya tenemos el local para la Oficina de Amor A Puertas Abiertas y no tenemos nada.

—No te valla lejos que ahora mismo le voy a preguntar. Al poco rato regresó. No veía en su rostro buenas noticias, pues estaba seria. —Toño, me dijo el Gerente que no; que esas mesas van a ser enviadas a otra tienda. –No te preocupes Ruth, gracias de todos modos, el Señor nos proveerá. Amén.

Luego de caminar por la tienda y contemplar mesas y escritorios y ver los precios, regresé a mi casa. Esto había sucedido en horas de la mañana. Ese mismo día, como a las 5:00 de la tarde, mientras estaba sentado viendo el noticiero que apenas había comenzado, suena mi celular. ¡Toño! Dios te bendiga, mira te llamo para que vayas por detrás de la tienda que están votando en los contenedores de la basura góndolas de todo tipo.

Te puedes llevar todo lo que creas que te pueda servir. Cuando me dijo eso, me comenzaron a temblar las piernas de la emoción. Salí en el auto de mi esposa como un relámpago. Cuando llegué detrás de la tienda era increíble lo que mis ojos veían y que estaban desechando como basura. Góndolas completas que utilizaban para acomodar distintos artículos en la tienda.

Los primeros tres que agarré los separé "estos son míos", les dije a otras personas a las que también alguien les había dado el aviso. Llamé por mi celular a mi cuñado, y le dije dónde me encontraba; –Alex, arranca para acá en tú guagua, muchacho que aquí están votando góndolas de todo tipo y tamaño. Te necesito porque no me caben en el carro. –Voy para allá brother. Inmediata fue su respuesta.

Durante los próximos 40 días estuve llevando a la Oficina góndolas de todo tipo y tamaños. Todos los días, luego de terminar mis oraciones en la madrugada, salía en el auto de mi esposa para dar la vuelta por detrás de la tienda para ver qué otras cosas habían desechado y para sorpresa mía, ahí estaba el milagro de provisión para Amor A Puertas Abiertas. ¡Gracias Señor, que tremendo y maravilloso tú has sido con nosotros!

Hubo tanta provisión que ahora no quedaba un espacio vacío. Tenía tantas que mi cuñado llevó para su casa, el vecino del

Señor, he venido a ti y nada ha sucedido

cuñado, en mi casa, en la casa de mis padres y hasta vecinos de la Oficina participaron de la bendición.

Llegó un momento que Mary me decía; -Toño no sigas trayendo, no hay espacio donde guardarlas. Todavía hoy en día, de vez en cuando, me doy la vuelta a ver que encuentro, ¿pero saben qué? eso fue sólo una bendición de provisión de necesidad para aquellos días. Gloria al Señor.

El sueño de la Oficina ahora tomaba más forma con todas esas góndolas provistas por el Señor. También el Señor nos suplió tres escritorios decomisados por el gobierno que estaban en buenas condiciones. Toda una Oficina de Servicios instalada por el Señor.

Edificio que había soñado ahora era una realidad. Planta baja Oficina de Amor A Puertas Abiertas y arriba uno de los Apartamentos del segundo nivel fue utilizado como el primer Albergue.

Señor, he venido a ti y nada ha sucedido

Nuestra querida hermana Iris Pérez y Jaime. Iris hoy está en la presencia del Señor. Fue una columna fuerte, cocinera voluntaria de Amor A Puertas Abiertas. Hoy Descansa en paz en la presencia del Señor.

Señor, he venido a ti y nada ha sucedido

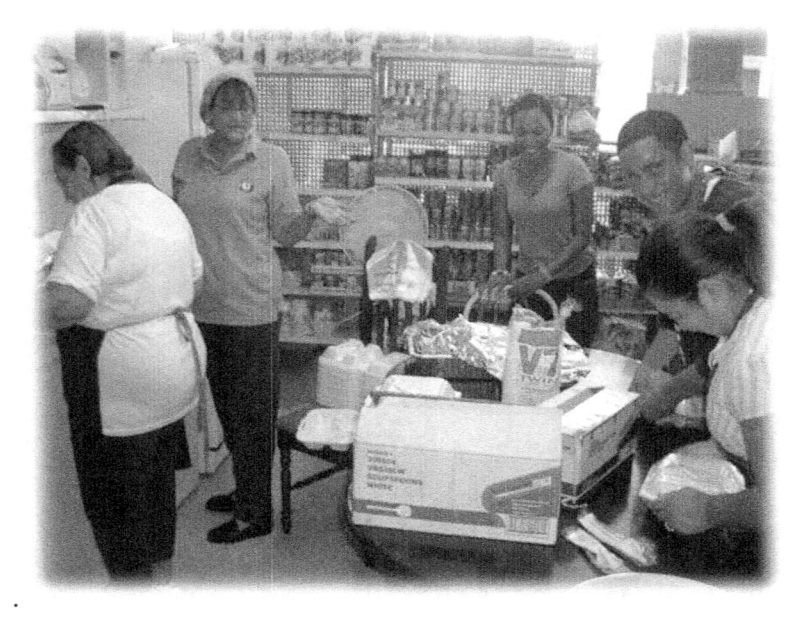

Señor, he venido a ti y nada ha sucedido

Leonardo (izquierda) y Pellot fueron nuestros primeros huéspedes de honor. Abajo, las carpas donde celebrábamos los cultos de adoración en la finca Campamento AAPA.

Señor, he venido a ti y nada ha sucedido

Arriba la finca Campamento, Hidro Cultivos AAPA. Abajo el Albergue del Bo. Cercadillo, Arecibo.

Señor, he venido a ti y nada ha sucedido

Capítulo 19
EXPERIENCIA CON EL ÁNGEL

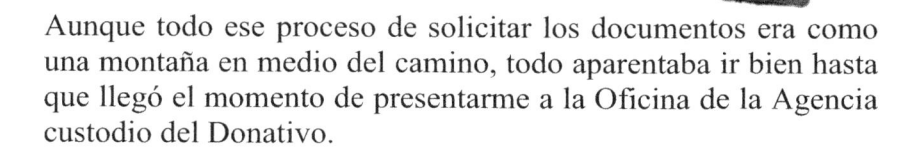

Aunque todo ese proceso de solicitar los documentos era como una montaña en medio del camino, todo aparentaba ir bien hasta que llegó el momento de presentarme a la Oficina de la Agencia custodio del Donativo.

En nuestro caso, la Administración de Servicios de Salud Mental y Contra la Adicción (ASSMCA) por sus siglas en español. Al identificarme carta en mano me pasaron con uno de los técnicos que estaría trabajando el proceso de desembolso del donativo.

Este nos explicó que el mismo se desembolsaría en cuatro pagos de $10,000 dólares luego de presentado un Informe Trimestral de Gastos y Labores Realizadas. Todo iba bien hasta que llegó a los requisitos de documentos oficiales de los cuales ya teníamos todos, excepto la Licencia del Albergue, pues no teníamos albergue en funciones, solo un edificio abandonado.

-Sr. Herrera, tenemos un problema. Usted no tiene Licencia de Albergue, o mejor dicho, usted no tiene un Albergue en función y con este donativo la ley no le permite capitalizar o comenzar una nueva estructura. Ese donativo no puede ser utilizado para nuevas construcciones a no ser que sean para mejoras a albergues que ya estén operando. No puede invertir nada de ese donativo en ese edificio abandonado.

-Entiendo; ¿cómo es posible que aprobaran nuestra Propuesta siendo así? En nuestra Propuesta están las fotos del edificio abandonado para lo que solicitamos los fondos y además se explica claramente el trabajo que realizamos de distribución de almuerzos en la calle.

Señor, he venido a ti y nada ha sucedido

El asunto se complicó cuando el técnico me hace pasar a la oficina de la directora la cual sencillamente me dijo: - *Sr. Herrera, no se le podrá otorgar el donativo aprobado hasta que no rehabiliten el edificio abandonado. Lo siento, pero no puedo hacer nada. Es la ley.*

Cuando escuché a esta señora decir fríamente todo esto sentí como si la montaña que había comenzado a mover se derrumbara sobre mí. Lograr rehabilitar el edificio para luego pasar por el proceso de solicitar la Licencia, humanamente el tiempo no daría y los costos estimados de reconstrucción del mismo sobre pasaban los $250,000 mil dólares.

El año fiscal finalizaría y ya no se podría reclamar el donativo. Todo estaba perdido, no había salida, no había solución al problema burocrático.

Yo había acudido a la oficina en busca de orientación y para aligerar el proceso de desembolso del donativo, pues ahora tenía un compromiso de renta que pagar por la oficina alquilada y para colmo ya los meses iban pasando y yo había firmado el Contrato de Arrendamiento y un compromiso con Don Arsenio de honrarle la renta desde el mes octubre de 2001.

Los planes que Mary y yo habíamos hecho para cuando recibiera mi salario, se hicieron humo. Sintiendo la cabeza que me quería explotar salí de la oficina de la directora, bajé al estacionamiento y ya dentro con los cristales arriba, estallé en llantos pensando ¿cómo se lo digo a Mary? Toda aquella alegría y gozo que recibimos cuando la carta informativa del donativo llegó a nuestro buzón, ahora se había convertido en una pesadilla.

Finalmente la llamé por el celular: -Toño, ¿Cómo te fue? – ¡Ahí Mary! No nos pueden dar el donativo. - ¿Cómo? ¿Pero por qué? Explicando por teléfono lloramos desconsolados ambos. Toda la fe y el ánimo de seguir adelante con nuestra misión se desvanecían. De regreso a mi hogar no hacía más que llorar por

Señor, he venido a ti y nada ha sucedido

todo el camino. No recuerdo haber hecho un viaje de San Juan a Hatillo sintiendo tanta tristeza y desconsolación como ese. La presión era horrible.

El enemigo se burlaba de mí poniendo todo tipo de pensamientos en mi mente en contra del Señor. El diablo esperaba que yo maldijera a Dios y de una vez por todas me rindiera y volviera a la droga. Solo en llantos le decía al Señor: - *Estoy haciendo todo lo que está a mi alcance. Sabes, aunque me siento desmayar creo en ti y vamos adelante.*

Tengo que confesar que estas palabras salían de mi boca, pero en lo más profundo de mí ser veía una enorme pared que bloqueaba todos mis sentidos. Es imposible que nos otorguen ese donativo.

Transcurridos cinco meses, Don Arsenio ya estaba bastante inquieto con el pago de la renta. Ya no sabía que otra excusa dar ante mi tardanza por la falta de pago. Ahora no solo era en mi mente la presión de saber que el donativo no se nos otorgaría, sino que tenía cinco meses de renta atrasada y mi palabra empeñada.

A todo esto, parecía como si Dios se hubiera ido de vacaciones. Clamaba al Señor y no recibía respuesta alguna. Lo buscaba en la madrugada y solo escuchaba las alabanzas del cantar de los pájaros.

En ocasiones levantando mis manos al cielo oraba y proclamaba que todo se resolvería, señalaba desde mi hogar en dirección hacia donde estaba la oficina y proclamando victoria por fe. Esto me causaba confianza por breves momentos hasta que volvía a fijar mis ojos en los vientos que soplaban por mi mente.

Entonces volvía y me desmoralizaba. Es increíble la batalla que se libra en la mente. Puede ser tan o más fuerte que una batalla corporal. Llegado el sexto mes de renta, Don Arsenio temprano en la mañana estaba esperando que llegara a la oficina. – *Mr. Herrera, ya no puedo esperar más por el pago de la renta, tiene*

Señor, he venido a ti y nada ha sucedido

hasta el día 30 de este mes para pagar, de lo contrario, recoja sus bártulos y se va.

Quedé sin habla por algunos instantes. Solo pude decir; -*Entendido Don Arsenio, lamento toda esta situación. A la verdad no esperaba que tardaran tanto en desembolsar ese donativo. Como quiera que sea, aunque le entreguemos el local, le pagaré la renta el tiempo que ha transcurrido, le cumpliré mi palabra.*

Ahora solo tenía una semana para que se cumpliera el término establecido por Don Arsenio. Me sentía triste, pues entendía que el Señor me había mostrado en aquél sueño que yo abría una obra en este lugar y ahora lo tenía que entregar sin haberlo usado. Era frustrante sentir la impotencia de no contar con los recursos y para colmo todas las puertas de Iglesias y comerciantes que se tocaban en busca de ayuda para lograr pagar la renta se nos cerraban.

En una ocasión estando en una reunión de pastores me encuentro con este hermano en la fe que comienza a preguntar sobre los asuntos de Amor A Puertas Abiertas. – *¿Cómo va la obra? – Bueno, no me quieren dar el donativo que me aprobaron y ahora el dueño del local me dio hasta esta semana para que le pague la renta o tendré que entregar el local.*

Luego que le hice todo el relato de cómo Dios me había llamado y mostrado esa oficina, estaba comenzando a creer, mientras hablaba con él, que Dios lo usaría para ayudarnos con la renta. El hermano era uno que económicamente estaba muy bien, pues era dueño de su propio negocio. Por lo menos, esa era la impresión que tenía. La esperanza de un milagro a tan solo días para el vencimiento del término pautado por Don Arsenio era mi expectativa.

Esa reunión era sábado y al otro día se vencía el plazo. - *Bueno mi hermanito, sigue adelante en el Señor y cuenta conmigo con todo.* Cuando lo escuché decirme que contara con él con todo, me quedé pensativo. Como toda esta conversación fue al llegar al

Señor, he venido a ti y nada ha sucedido

templo donde se estaría llevando la reunión de pastores, luego que me dijera esas palabras me arrodillé para orar mientras él saludaba a otros pastores. Orando y meditando en sus palabras, me pongo de pie y le llamo: - *Hermano, disculpe, cuando usted me dijo que contara con usted con todo, ¿Qué usted me quiso decir?*

Pensaba que su declaración incluía de alguna manera ayudarme o prestarme el dinero de la renta y decidí hacer la pregunta ante la duda. – *"Que cuente conmigo con todo; pero sin dinero". – Ah, ok. Gracia mi hermano.*

Me arrodillé de nuevo y continué orando. – *Bueno Señor, se me acabó el tiempo y la oficina que me mostraste en sueños tendré que entregar la llave el lunes. Será en otro momento, quizás no era el tiempo o me apresuré. Es que yo soy tan impulsivo e impaciente; perdón Señor, por no saber esperar en ti. Tú tienes la última palabra.*

El domingo temprano en la mañana suena el teléfono de mi hogar. – *"Mr. Herrera, es Arsenio, mire venga para acá que aquí ha ocurrido un accidente en la oficina y un auto ha roto las vitrinas del local. Venga para acá rápido".*

Cuando llego a la oficina me encuentro con aquella escena. Sucedió que un vecino tuvo que dar marcha hacia atrás en su vehículo porque la carretera fue bloqueada por unas brigadas de trabajadores y éste mientras iba en retroceso sufrió un bajón de azúcar sufriendo un mareo que le hizo perder el control del automóvil.

Este vecino, en vez de poner los frenos cuando se sintió mareado, hundió el acelerador haciendo que el auto impactara el local de frente de la oficina rompiendo las vitrinas de cristal.

Don Arsenio estaba aturdido y solo decía y repetía; *Verdaderamente que hay que tener tolerancia. Hay que tener tolerancia.* Yo lo escuchaba con mi semblante serio, pero en mi interior me gozaba, pues este accidente me daba tiempo extra. Don Arsenio me dice: -*Mire, usted tiene que bregar con ese señor que rompió esto aquí, usted tiene que hacer los trámites con él para que ese señor arregle todo esto. – Como no Don Arsenio, no se preocupe que yo me encargaré de todo.*

Este glorioso accidente me hizo saber que verdaderamente el Señor es quien tiene la última palabra, el hombre propone, pero Dios dispone. Un dato curioso fue que la puerta de cristal, aunque fue arrancada de su marco con el impacto del choque, el cristal no se había roto.

La puerta estaba tirada en el piso. En ese momento cuando entré a la oficina para ver los daños y observé la puerta vino a mi corazón esta Escritura: *"Esto dice el Santo, el Verdadero, el que tiene la llave de David, el que abre y ninguno cierra, y cierra y ninguno abre;"* Apocalipsis 3:7

Ciertamente el Señor me había mostrado que abriría una obra en ese lugar y Él lo haría. He aprendido que cuando el panorama no parece favorable para que las cosas que esperamos ocurran, es que Dios la ha preparado de tal manera que el nombre de Su Hijo Jesús sea glorificado y exaltado.

"Pero cuando venga el Espíritu de verdad, él os guiará a toda la verdad; porque no hablará por su propia cuenta, sino que hablará todo lo que oyere y os hará saber las cosas que habrán de venir. Él me glorificará; porque tomará de lo mío y os lo hará saber". Juan 16:13

Reparados los daños de la Oficina, estábamos ahora en octavo mes de renta. Incluyendo la fianza, nuestra deuda había ascendido a $3,150 dólares. Como si esto fuera poco para causarme insomnio el préstamo hipotecario de mi hogar también estaba atrasada con cuatro meses por lo que se me había informado, de no realizar el pago, la casa sería embargada por el banco.

Señor, he venido a ti y nada ha sucedido

La casa como tal no era nuestra, nosotros habíamos construido nuestra casa de madera en el techo del hogar de mis suegros y en determinado momento hicimos un préstamo hipotecario con las Escrituras de la casa. Esto nos causaba estrés, no podíamos permitir que embargaran la casa que legalmente era de mis suegros.

En aquellos días, espiritualmente hablando, el Desierto del Sahara era pequeño comparado al que estaba atravesando. Nos habíamos emocionado brevemente cuando el Señor obró en el accidente de la Oficina, pero económicamente todo seguía igual. Oraba y no recibía respuesta del Señor hasta que un día no pude más con la carga y la presión que sentía pensando que perdería mi hogar.

En ese momento de quebrantamiento me puse mi bata de oración, agarré una de las propuestas que solía someter a distintas entidades solicitando fondos, agarré la Biblia y subí a mi cuarto de oración. Colocando dos sillas, una frente a la otra, sentándome comencé a orar. Mi oración no era una que llevaba un protocolo de alabanzas o seguía el patrón del Padre Nuestro; no. Me senté y comencé a hablar pausadamente haciendo un recuento de mi llamado desde el principio.

Sintiendo que mi corazón era prensado haciendo que mis ojos se llenaran de lágrimas, me rendí finalmente delante del Señor diciéndole:

- Señor, en el 1981 clamé a ti, y tú fuiste propicio a mi oración, me visitaste en aquella barra entregándome una flor, me diste tú bendición. Luego derramaste tú Espíritu Santo sobre mí y te me apareciste en sueños llamándome a predicar tú Palabra a Sur América. Cumpliste tus propósitos conmigo y me llevaste a esas tierras prometidas y luego tú sabes lo que sucedió, caí de tú gracia. Cuando pensaba que todo había terminado para mí, me revelaste la visión de Mary, Amor A Puertas Abiertas. Creyendo en el llamado, renuncié y aquí estamos.

Señor, he venido a ti y nada ha sucedido

Tú sabes todos los esfuerzos que hemos hecho, todas las angustias que hemos vivido, todas las necesidades que tenemos. Ante todo esto, tú eres Dios y eres mi Señor. Aunque me escuchaste decir que me rindo, sabes que en verdad estoy disponible para hacer lo que tú quieras que haga, solo que no tengo lo recursos y ahora he perdido las fuerzas y el ánimo. (Colocando la propuesta en la silla vacía frente a mí le dije) ahí tienes la propuesta de Amor A Puertas Abiertas, no voy más. Cuando quieras hablarme me dejas saber lo que tengo que hacer.

Aún en medio de todo esto que estamos atravesando, he orado y te he pedido que me muestres que sucede, y has quedado en silencio. Señor, tú resucitaste al tercer día, como hiciste con tus discípulos que te les apareciste en medio del aposento con las puertas cerradas, por favor aparece aquí. Necesito que me hables y me digas que está pasando. Vamos a perder el donativo de $40,000 dólares, tengo que entregar el local donde nos llevaste para que fuera la Oficina de Amor A Puertas Abiertas y ahora estoy por perder mi casa.

Si estoy haciendo tú voluntad, qué pasa Señor, por favor háblame. Tú te puedes aparecer aquí, creo en ti Señor. Envíame a un Profeta; o envíame un Ángel, pero por favor háblame, no puedo más...háblame.

La experiencia que tuve con el Señor que estoy presto a narrarle producto de esa oración, ha sido una de las vivencias más sublimes y reales en la dimensión del Espíritu hasta este momento en mi vida. La misma es además una confirmación del llamado del Señor y sus propósitos con Amor A Puertas Abiertas, pues me demostró que Él tiene cuidado del ministerio.

¡Cuán grande es el amor del Señor para con sus hijos! ¡Saber que en medio de millones de millones de sus hijos somos escuchados y atendidos individualmente! Que Él esté atento a nuestras oraciones. Esto se predica y anuncia tanto desde los altares, pero creo que en realidad la mayoría de los cristianos no han conocido lo que es "el poder de la oración a Dios".

Le doy gracias a Dios por las adversidades de la vida que en el camino he tenido que enfrentar, porque esas mismas adversidades y pruebas me han permitido tener las vivencias más hermosas con el Señor. Ciertamente Él las permite para que podamos contemplar Su Gloria y Poder.

Expuesta mi petición al Anciano de cabellos blancos, con mis ojos rojos e hinchados de tanto llorar y gemir, me acosté a dormir y a las 3:00 de la madrugada fui despertado cuando alguien entró al cuarto acercándose a mí, puso su boca en mi oído derecho y comenzó a hablarme en un idioma que no entendía.

Ahora despierto y escuchando lo que me hablaba, pero no entendiendo el lenguaje, pues eran lenguas angelicales. Aunque no las entendía, por el Espíritu sabía que era un lenguaje angelical. Mi espíritu se gozaba escuchando ese lenguaje, aunque mi mente no entendía.

Fue maravilloso, extremadamente sublime. En ese momento con mi mano izquierda lo agarré por el brazo y le pregunté: *¿Tú eres el Señor?* Quedó en silencio. Entonces le pregunto; *¿Tú vienes departe del Señor?* Él en español con su boca pegada en mi oído derecho me dijo: *¡Sí; Espera!*

Cuando escuché esas dos palabras, lo agarré por la cintura y apretando mi cabeza a su pecho, comencé a llorar con gemidos indecibles. Mientras yo lloraba, él reía y reía. Mientras yo seguía llorando y apretándolo cada vez más fuerte hasta que luego de varios minutos de estar el ángel riéndose y yo llorando, poco a poco fui perdiendo las fuerzas porque sentía que era sumergido en una paz tan sublime que inundaba todo mi ser hasta que nuevamente quedé dormido.

Señor, he venido a ti y nada ha sucedido

¡Oh, mi querido amigo lector, que experiencia tan gloriosa! La paz que pude experimentar es difícil de explicar. Lo real que es el Reino de los cielos de nuestro Señor. Verdaderamente no estamos solos en nuestro caminar. Hay un Reino invisible a nuestros ojos de los cuales somos sus espectadores. ¡Nos están mirando en todo momento!

Al despertar en la mañana, tenía la respuesta a mí oración, ¡ESPERA! – *Mary, el Señor me dijo que esperara, pues entonces algo debe de suceder en los próximos días.* Le conté mi experiencia y nos gozábamos sintiendo la presencia del Señor. Esa experiencia cargó las baterías de mi fe y ahora estaba nuevamente en pie de lucha.

Cada vez que sonaba el teléfono, contestaba con la expectativa que algo de parte del Señor se manifestaría. Así también cada vez que el cartero se detenía en nuestro buzón iba a recoger las cartas buscando la sorpresa que vendría. Luego de esa experiencia pasaron algunos diez días y nada sucedía.

Pero esta vez, no sería fácil perder la fe o desanimarme, pues aún hoy, luego de siete años de haber vivido esa experiencia, de solo pensar en ella, mi corazón se llena de gozo, fortaleza y ánimo para seguir adelante con la misión que el Señor nos ha encomendado.

Faltando un mes para que terminara el año fiscal 2001-2002, recibí una carta de La Fortaleza. Entre todas las gestiones que había realizado, le había escrito a la Gobernadora Sila María Calderón donde le preguntaba ¿cómo era posible que aprobaran una propuesta para luego decirnos que no cualificábamos?

Como cuestión de hecho, el Técnico de Contabilidad de la Oficina de la Comisión Especial Conjunta Sobre Donativos Legislativos me dijo un día: - *Sr. Herrera, ¿yo no sé cómo a usted le aprobaron en un principio ese donativo?*

La carta lee así:

Señor, he venido a ti y nada ha sucedido

ESTADO LIBRE ASOCIADO DE PUERTO RICO

Oficina de la Gobernadora
La Fortaleza

13 de marzo de 2002

Sr. José Herrera Negrón
Director
Amor A Puertas Abiertas Inc.
Club Gallístico #129
Hatillo, PR 00659

Estimado señor Herrera:

Recibimos la comunicación que enviara, conjuntamente, a la Gobernadora del Estado Libre Asociado de Puerto Rico y a los presidentes de las Comisiones de Hacienda de la Cámara y el Senado de Puerto Rico. En su carta, expone su sentir en torno a un donativo legislativo solicitado por la organización Amor A Puertas Abiertas. A nombre de la Gobernadora, reconozco la labor que realiza su organización, en beneficio de las personas sin hogar.

El Lcdo. Ramón Vale, Director de la Comisión Conjunta de Donativos de la Rama Legislativa, nos informa que la solicitud de donativo sometida por su organización fue acogida favorablemente por la Comisión.

Por otra parte, todo donativo legislativo está sujeto a los requisitos que establece la Ley Núm. 258 del 29 de diciembre de 1995, conocida como Ley de Donativos Legislativos, y a la reglamentación que, dentro de sus facultades, adopta la Oficina del Contralor del Estado Libre Asociado de Puerto Rico, en torno a la administración de la propiedad pública.

Señor, he venido a ti y nada ha sucedido

De acuerdo a la evaluación ocular llevada a cabo por la Comisión, por razones de seguridad a quienes le habiten, la estructura a la que usted hace referencia en su carta se encuentra en condiciones tales que no es posible hacerle mejoras, sino que es necesario demolerla. La Ley de Donativos Legislativos no contempla la construcción de estructuras con fondos legislativos. <u>Es por eso que su donativo fue aprobado, para proveer alimentos a personas sin hogar, de acuerdo al Artículo 4(a) (2) de la Ley.</u>

Hemos solicitado a la Dra. Dalila Aguilú, Administradora de Servicios de Salud Mental y Contra la Adicción, agencia la cual custodia los fondos donados a su organización, que le ofrezca toda la colaboración que esté a su alcance para continuar haciendo posible los servicios que presta su organización, de acuerdo a las normas y procedimientos correspondientes.

A nombre de la Gobernadora, agradezco haya traído este asunto a su atención.

Cordialmente,
Asesor en Salud

Cuando comencé a leer la carta, mi primera impresión fue que se estaban justificando con el edificio para no otorgar el donativo, pero cuando leí que el donativo aprobado era para los servicios que en la actualidad estábamos realizando, de llevar alimentos a las personas sin hogar, vino a mi mente la carta que anteriormente había recibido luego de la visita del Inspector de ASSMCA dónde en un párrafo me indicaba que para los servicios que estábamos realizando de llevar comida, <u>no necesitábamos licencia</u>.

Aquí la carta anterior;

ESTADO LIBRE ASOCIADO DE PUERTO RICO
Administración de Servicios de Salud Mental y Contra la Adición

Señor, he venido a ti y nada ha sucedido

División de Certificación y Licenciamiento

15 de enero de 2002

Sr. José A. Herrera
Director
Amor A Puertas Abiertas Inc.
Calle Club Gallístico #129
Hatillo, PR   00659

Estimado señor Herrera:

El día 20 de septiembre de 2001, se visitó el Centro que usted dirige, por el Inspector Sr. Pedro J. Vergé Villalba, se encontró lo siguiente:

Se entiende que para los servicios que se están ofreciendo, sirviendo comidas calientes a personas sin hogar, referimientos a otros centros de rehabilitación; <u>no necesitan la licencia de la Administración de Servicios de Salud Mental y Contra la Adicción (ASSMCA).</u>

Para los servicios que se detallan en la propuesta presentada para solicitar donativos legislativos, año fiscal 2001-2002, de desintoxicación de drogas bajo supervisión médica y terapias de rehabilitación, necesitan tener la Licencia de la Administración de Servicios de Salud Mental y Contra la Adicción.

En la actualidad no están ofreciendo estos servicios por tanto no pueden solicitar fondos para estos efectos.

Cordialmente,
Directora Interina
División de Licenciamiento
Al siguiente día llegué a la Oficina de ASSMCA con las dos cartas en la mano. – *Ustedes dicen que no necesito Licencia para llevarle comida a las personas sin hogar y la Fortaleza dice que*

Señor, he venido a ti y nada ha sucedido

nos aprobaron el Donativo para este propósito; ¿Cuál es el problema? ¿Ahora que impide el desembolso del donativo? A lo que el Sr. Clemente, encargado de realizar los trámites pertinentes para el desembolso muy gentilmente me respondió. - *¡No hay ningún problema!* Como una válvula de una hoya de presión exclamé. ¡Aleluya!

Inmediatamente sacó de su escritorio unos formularios indicándome donde firmar. – *Llene aquí, firme acá, ponga allá…* Escucharlo dándome las instrucciones del papeleo que tenía que llenar era como música para mis oídos. Estaba tan emocionado que deseaba saltar y gritar de la alegría, cosa que hice cuando salí al estacionamiento.

¡Aleluya gracia Señor, tú eres grande y maravilloso! Hacedor de maravillas.

Me encontré una persona en el estacionamiento y en medio de mi alegría, lo miro a los ojos y le digo: - *Mire, ¿que usted ve?* Señálandole hacia el cielo. Él asombrado por mi actitud miraba hacia el cielo buscando ver algo especial que estuviera sucediendo. *¿Dónde, dónde, no veo nada?* Respondió la persona buscando con interés que era lo que yo le quería enseñar. – *Mire mi hermanito, la Biblia dice que el cielo es el trono de mi Dios y la Tierra el estrado de Sus pies. ¡Amigo, que grande es nuestro Dios! Si usted no lo conoce, le invito a que lo llame. Él le bendecirá y hará grandes cosas con su vida. ¡Aleluya!*

El hombre se quedó pensativo mientras yo me iba contento hacía mi auto. A la semana siguiente me llamaron para que fuera a la Oficina a recoger el cheque de $40,000 dólares.

Danny Berrios canta un himno que fue una realidad en nuestras vidas; *"…cuando Él queda en silencio, es que está trabajando, oh alaba, estás sufriendo, alaba, en la prueba, alaba, estás llorando, alaba, tú alabanza Él escuchará. Él va al frente abriendo caminos, quebrando cadenas, sacando espinas, manda*

Señor, he venido a ti y nada ha sucedido

a sus ángeles contigo a luchar, Él abre puertas que nadie puede cerrar, Él trabaja para los que confían, camina contigo de noche y de día, levanta tus manos tú victoria llegó, comienza a cantar y alaba a Dios, alaba a Dios, alaba a Dios…" ¡Gracias Señor por tu presencia sobre nosotros ahora en este momento!

Dale fuerzas a mi hermanito o hermanita que en este momento está leyendo nuestro libro y llora en medio de su angustia. ¡Recibe fuerzas nuevas Siervo de Dios, confía que él tiene todo en control!

Ahora tenía treinta días para gastar $40,000 dólares. – *¡Mary, nos vamos de compras!* Pagamos la renta de la Oficina, la renta de mi casa, compramos 200 pares de zapatos, pantalones, ropa de hombre y de mujer, una nevera, una estufa, un congelador, una computadora y materiales de oficina, una guagua Plymouth Gran Voyager y una compra de $10,000 dólares en alimentos. No había un espacio vacío en las góndolas que el Señor nos había provisto.

Los vecinos creían que el Colmado había abierto nuevamente y en ocasiones se paraba alguien para querer comprar. – *Disculpe, pero esto no es un colmado, esto es AMOR A PUERTAS ABIERTAS.*

Ahora de siete platos de comidas, aumentamos a 150 que distribuíamos los sábados. Este donativo nos dio un impulso y a la vez sería nuestra primera experiencia en el manejo de fondos públicos. Ahora me reía solo viendo la Oficina llena a capacidad recordando el sueño.

Fue mejor haber tenido que esperar hasta casi el final, pues el donativo se suponía que fueran desembolsados $10,000 cada tres meses, lo que no me hubiera permitido llenar la Oficina con tanta bendición. Ahora comenzaba otro nivel de servicio al que el Señor nos ascendía. No solo aumentamos la cantidad de platos, sino que comenzamos a sacar muchachos de la calle, los que ingresábamos en Centros de Rehabilitación.

Así estuvimos hasta que cumplimos cinco años trabajando ambulatoriamente en las calles y frente a los edificios abandonados del Residencial Ramón Marín Solá en el barrio Coto de Arecibo que ahora servían como hospitalillos de usuarios de drogas.

Todos los sábados Mary, de madrugada, se levantaba a cocinar para 150 personas que era el promedio de participantes ambulatorios que ya nos esperaban. Esto nos hizo familiarizarnos con el problema de las personas sin hogar, conocer tantas historias de desgracia familiar en un ambiente donde cualquier cosa podía suceder a cualquier hora del día.

Obviamente el lugar donde todos los sábados nos estacionábamos era un punto de venta de drogas el cual tenía su dueño. Al principio sentíamos temor de estar en el lugar haciendo el trabajo de alcance, pero pronto ese temor desaparecería, pues los mismos muchachos nos decían; *Ustedes aquí son nuestra familia.*

Respetaban a las hermanas y a mis hijas que nos ayudaban a distribuir los alimentos. A Mary y a Iris les decían; "Mother", a la hermana Ermenegilda la llamaban "Abuelita". A mí me llamaban "Pastor".

Cada sábado, luego de estacionar la guagua y montar las mesas, los que nos veían llegar comenzaban a llamar a todos gritando: - *La papa; llegó la papa.* Entonces se veían salir de los escondites, otros que se estaban curando detrás de la verja, unos sacudían a los que estaban durmiendo bajo los efectos de la sustancia para que no se quedara sin comer. Se acercaban y luego de una breve exhortación y lectura de la Palabra de Dios se oraba y daba inicio la distribución de los alimentos.

Siempre se les escuchaba echarle flores al sabor de la comida. Era como una manera de agradecimiento. *Mother, que buena le quedó la comida. Hacía tiempo que no sabía lo que era comer una comida tan rica.* Decían otros. Cerca se escuchaba siempre uno regañando al que no tenía camisa puesta. *Mira brother, que pasa contigo chico, ponte la camisa, no ves que están las hermanas. – Disculpe Miss, mala mía. –No te preocupes muchacho.* Les decía Mary.

Fueron muchas las experiencias que podríamos relatar que nos ocurrieron durante ese tiempo, que obviamente no podemos relatarlas todas aquí, pero les mencionaré algunas. Uno de esos sábados, estando ya listos para hacer la oración, de pronto se aparece un joven que viene cuchillo en mano para encima de otro.

Cuando el que tiene el cuchillo agarra al otro joven es precisamente cuando comienzo a orar por todos los allí presentes. Fue una intervención milagrosa lo que pude ver. Mientras oraba, el joven que venía a darle la puñalada al otro, lo soltó y se marchó sin hacerle daño alguno. Fue desarmado por el poder de la oración y la unción que allí siempre se derramaba.

En otra ocasión, cuando llegamos, uno de los que estaban detrás de la verja inyectándose drogas, salió corriendo hacia nosotros. –*Pastor, venga para que ore por un muchacho que tiene una sobredosis.*

Brincamos la verja y allí nos encontramos con aquél joven que nunca habíamos visto. Este joven había llegado de otro pueblo y pasó toda la noche inyectándose droga.

El rostro estaba color violeta. No se le sentía el pulso por lo que ya lo habían dado casi por muerto. Inmediatamente todos pusimos las manos sobre él y orando reprendimos la muerte. El joven se estremeció y poco a poco fue recobrando el conocimiento.
La próxima semana cuando preguntamos que había sido del joven, nos dijeron que le explicaron todo lo que había sucedido, pero él no recordaba nada. Ellos le dijeron;

Señor, he venido a ti y nada ha sucedido

-Muchacho dale gracias a Dios que los hermanos que nos traen almuerzo los sábados oraron por ti y el Señor te libró de la muerte, tú no estarías aquí, recógete a buen vivir.

El joven nunca más volvió por allí y según supimos luego de esa experiencia, se reconcilió con el Señor. Mario y Luis eran dos hermanos adictos a la heroína y juntos vivían en uno de los apartamentos abandonados. Luis, aunque era adicto, demostraba siempre más interés por las cosas del Señor, no así Mario. Éste buscaba lo que traíamos y sencillamente se alejaba para continuar usando droga.

Una noche en que hicimos un culto especial, llamé a Mario aparte y le invité para que estuviera en el momento de la oración, pues quería orar por él. Este me dijo, - *No se preocupe, gracias Pastor, pero no me interesa.*

Pasado un breve tiempo, me extrañó un día que Mario no vino por su almuerzo. - ¿Dónde está Mario? Le pregunté a su hermano Luis. – *Pastor venga para que vea y ore por él.* Al entrar en el apartamento estaba Mario tirado en un colchón en el piso. Éste cuando me vio entrar me levantó sus manos y sin poder hablar, me pedía que orara por él. – *Umm, Umm, Umm,..* Era lo que se podía entender.

Tenía toda su boca y garganta llena de hongo a consecuencia del virus del SIDA que en pocos días lo llevó a la etapa terminal.

– Mario, seré sincero contigo, yo puedo orar por ti y el Señor te puede sanar, pero sabes que, creo que eso no lo hará porque a ti te gusta mucho la droga y si te sana, vuelves a lo mismo. Pero el Señor vino a buscar lo que se había perdido y Él vino para salvar, no para condenar, solo debemos aceptarlo como nuestro Salvador personal. ¿Mario te arrepientes de todo lo malo que has hecho en la vida y aceptas el sacrificio que Cristo hizo por ti en la cruz del calvario? – Umm, Umm, Umm. Decía Mario moviendo su cabeza en señal afirmativa.

<u>Señor, he venido a ti y nada ha sucedido</u>

Luego que oramos le dije: - *Mario, aunque no puedas hablar, medita en el Señor, llora delante de Su presencia, Él estará a tú lado más aun en este instante donde sabes que la muerte vendrá en cualquier momento. Dios te Bendiga. – Umm, Umm, Umm.* Por sus gestos entendí que me dijo: Amén, gracias Pastor.

Esa noche se lo llevaron al Centro Médico de Arecibo donde a los pocos días murió. Aunque creamos que Mario no merecía el cielo, como yo tampoco lo merezco, sé que hoy Mario descansa y contempla el rostro del Señor su Salvador.
Así como a Mario, hemos visto la muerte de muchos de nuestros participantes de almuerzos que un día le compartíamos el alimento y la Palabra del Señor y el próximo sábado nos daban la noticia de su muerte.

Pienso que, aunque no todos tuvimos la oportunidad de ministrarle en el lecho de la muerte, confiamos en la Palabra que es una semilla poderosa de Dios se encargará de hacer su trabajo y no retornar vacía.

Capítulo 20
PRIMER ALBERGUE

Aunque continué solicitando fondos para lograr la reconstrucción del edificio que se nos había cedido, creo que el propósito de Dios fue utilizarlo como punta de lanza en nuestra búsqueda de fondos y ayudas ya que estábamos comenzando, por lo que presentar una propiedad en nuestras propuestas nos hacía ver con buena estatura como organización sin fines de lucro. Al poco tiempo de haber firmado el Contrato de Arrendamiento de la propiedad uno de los dueños falleció y cambió totalmente el panorama.

La viuda, en la misma funeraria, cuando me acerqué para darle el pésame por su perdida frente al difunto lo primero que me dijo fue: - *Herrera, tenemos que sentarnos a discutir el Contrato de Arrendamiento de la finca de Lares.* Me quedé mudo. En plena funeraria y frente a su difunto esposo ya había comenzado la batalla legal reclamando lo que según ella le correspondía como herencia.

Miré a los dueños con los que había hecho el contrato de arrendamiento y me sentí anonadado por la situación. Bueno, esto ahora será cuando el Señor diga. Si se ha de construir en ese lugar y hacer una inversión, no se podrá hacer si la propiedad no es nuestra legalmente. Así que les dije, resuelvan sus asuntos de herencia y luego hablamos.

He llegado a la conclusión que en algún momento algo sucederá para que esa propiedad llegue a ser nuestra y en su momento levantemos un albergue. Ya aprendí que todo en el Señor es cuestión de "esperar" a su tiempo.

Ahora, uno de los apartamentos en el segundo nivel del edificio donde estaba nuestra Oficina se había desocupado y de inmediato le dije a Mary: - *Se desocupó el apartamento y creo que voy a*

Señor, he venido a ti y nada ha sucedido

moverme en fe para rentarlo. Tendríamos Oficina abajo y albergue arriba. Nos caben cuatro camas literas lo que nos daría capacidad para albergar a ocho participantes. ¿Mary, qué tú crees? – Hay Toño, otra renta, serán más gastos, cógelo con calma. Uno de mis defectos o virtudes, dependiendo cual sea el resultado, es que soy impulsivo y desesperado por alcanzar mis metas.

Cuando se me llega una idea a la mente, sueño con ella, pienso en ella constantemente, medito día y noche hasta que se realiza. Esta actitud ha sido de bendición pues me he atrevido a aceptar retos que luego dan honra y gloria al Señor. En otras ocasiones, me han causado problemas. Por eso es importante canalizar nuestros impulsos con la perfecta voluntad del Señor. Lo cierto es que aunque Mary es una persona quizás un poco más analítica y cuidadosa en sus decisiones que yo, ya había hablado con Don Arsenio y prácticamente el Contrato verbal estaba hecho.

Por el apartamento pagaría $325.00 dólares mensuales. Oh pero yo veía la oportunidad que se me presentaba delante y hasta oraba para que el otro apartamento se desocupara para entonces quedarme con el edificio completo. En mi opinión eso hubiese sido tremendo. Formalizamos el contrato de arrendamiento y ahora estábamos a punto de comenzar a dar un nuevo servicio, aunque no era la finca que había visto en visión.

Ya para cuando di el paso de fe de alquilar el apartamento, estábamos recibiendo fondos ESG del Departamento de la Familia por lo que tenía la convicción que el dinero del alquiler lo estaría consiguiendo de la propuesta. Era obvio pensar que me la aprobarían la propuesta si ahora no sería solamente para distribuir alimentos, sino dando servicio de albergue.

Una mañana cuando estoy llegando a la Oficina veo un letrero en un poste del tendido eléctrico que anunciaba el alquiler de una finca de tres cuerdas con una casa. – *¡Hola!* Me contestó la voz tierna de una señora que me parecía ser mayor de edad.

Señor, he venido a ti y nada ha sucedido

– Sí buenos días, le llamo con relación al anuncio del alquiler de esa finca. ¿En qué lugar de Arecibo es esa finca? Le pregunté porque como veía que el número telefónico era Arecibo, pensé que la finca estaba ubicada allá.

– No, la finca es allí mismo. Por aquel portón que la entrada está cubierta de maleza, empújelo y entre por ese camino y verá la casa y las tres cuerdas de terreno. – No me diga usted que es allí mismo esa finca. Cuando me dijo eso, regresé de inmediato, pues era al lado de la Oficina.

La entrada estaba cubierta de maleza. Cuando empujé aquel portón mohoso y mis ojos vieron el camino de entrada a la finca lleno de pasto que me llegaba a la cintura, caminando hacia la finca, el recuerdo de la visión que el Señor me había mostrado vino a mí. Estaba cumpliéndose la visión literalmente.

Es aquella finca que había visto en visión. Según caminaba y me adentraba a la finca la presencia del Señor me inundaba y lloraba de gozo porque estaba llegando a mi tierra prometida.

Caminé y me revolqué en el pasto mirando al cielo alabando al Señor. No era necesario preguntarle al Señor en oración si era la finca, pues ya la había visto en visión. El Espíritu Santo corría por todo mi ser dándome testimonio.

Estaba tan emocionado, que aunque no sabía cuánto iba a ser la renta o las condiciones, estaría dispuesto a pagar lo que fuera. No habían pasado muchos días desde que hice el Contrato de Arrendamiento del Apartamento y ahora iba a entrar en otro compromiso de renta de la finca.

- Mary, no te puedes imaginar dónde está la finca que una vez el Señor me mostró en visión, no creerás lo que me ha pasado. Abriendo sus ojos como luna llena, me dijo: *- Toño, no me digas que ya la alquilaste. – No, tranquila, no sé cuánto pide la señora, pero mañana me voy a reunir con ella para saber. Mary la finca*

158

está al lado de la Oficina, es preciosa, es la misma que el Señor me mostró en visión. - ¿Cómo así? – Si Mary, vamos para que la veas.

Nos fuimos para allá y la pregunta saldría a relucir en cualquier momento. Ya había hecho la determinación de rentarla a como diera lugar.

– Toño, ¿y el dinero para rentarla? ¿Y el dinero para el apartamento? - No te preocupes por la renta que el Señor proveerá. Yo no sé cómo, pero Él proveerá.

Al siguiente día, fui a buscar a Doña Ana a su casa en Arecibo para reunirnos en la casa de la finca. *– Mire, esta propiedad yo la quiero rentar con un Contrato con Opción a compra, por la casa yo pido $5,000 dólares de renta anuales, por la finca que son unas 3.25 cuerdas, $600 dólares y deberá pagar $2,000 dólares cada año los cuales se le descontarán al precio total de venta de la propiedad que son $250,000 mil dólares, menos de eso no la vendo mijito. Ya estoy vieja, y no le quiero dejar a mis dos hijos ningún problema de herencia. Yo quiero que la renta me la pague 6 meses por adelantado.*

Doña Ana estaba firme y predeterminada con su negocio y difícilmente aceptaría cambios en su propuesta. Como la observé tan decidida y por nada quería perder la oportunidad de adquirir esta finca acepté su propuesta y acordamos el día para acudir a la Oficina de su Abogado para realizar el Contrato de Arrendamiento, por lo que para ese día tendría que darle el primer pago de $3,800 dólares.

– ¡Trato hecho Doña Ana!
Tan solo había transcurrido un día de haber descubierto la finca que el Señor me había mostrado en la visión y ya tenía las llaves de la casa dando por cerrado nuestro acuerdo. Me sentía tan gozoso y con tanta fe que no me preocupaba los nuevos compromisos de rentas que había hecho en tan solo una semana.

<u>Señor, he venido a ti y nada ha sucedido</u>

Eran $1,135.00 dólares mensuales que ahora tendríamos que pagar solo en renta. Yo le decía a Mary, *-No te preocupes que ahora cómo vamos a poder ampliar nuestro servicio a albergue, cuando lo presente en la nueva Propuesta seguramente que me aprueban el presupuesto.*

Luego de aquel año cuando recibimos el donativo de $40,000 dólares, el Departamento de la Familia a través del programa de fondos ESG, nos había aprobado nuestra propuesta. Cada año nos iban aumentando la cantidad del donativo, aún sin estar operando un albergue, solo distribuyendo alimentos y realizando nuestro trabajo ambulatorio en las calles.

Esto me hizo pensar que si solo ofreciendo alimentos me habían aumentado de $10,000 a $17,000 dólares, cuanto más ahora que tendríamos nuestras dos facilidades que serían utilizadas como vivienda para las personas sin hogar. Lo que no sabía era que otra prueba de fe y confianza en el Señor estaba por comenzar.

Capítulo 21
EL QUIJOTE DEL SEÑOR

Había acordado con Doña Ana, para dentro de tres semanas, firmar el contrato de arrendamiento con opción a compra por lo que nos dedicamos a buscar el dinero. Le envié cartas a compañeros ministros de la Fraternidad de Pastores donde era miembro y presenté el asunto en la reunión de obreros. Allí se recogieron $150 dólares de ofrenda, pero evidentemente no era suficiente. En la Iglesia que me vio crecer, caer y ser levantado por el Señor, fue hermoso recibir su respaldo.

Más de $600 dólares fueron recolectados, lo que ha sido una de las ofrendas más altas colectadas en un culto para ese entonces. Con otras ofrendas recolectadas llegamos a $1,700 dólares en una sola semana. Ahora solo nos faltaban $2,100 dólares para lograr el primer pago de $3,800 dólares que representaba los primeros 6 meses de renta. De momento fue como si se cerrara la pluma de agua. Dejamos de recibir ofrendas, por lo que nos quedamos estoqueados con los $1,700 dólares.

Todos los días me iba para la finca a orar pidiendo al Señor que supliera, pero nada ocurría y ya me estaba desesperando, pues la fecha señalada para firmar el contrato se acercaba y no había completado el dinero necesitado.

La batalla en mi mente había comenzado. Oraba, oraba y oraba y nada sucedía. No llegaba nadie enviado por el Señor. Iba al correo dos y tres veces al día en busca de recibir alguna correspondencia con el milagro de provisión, pero nada.
Uno de esos días de oración en la casita de la finca, faltando pocos días para la firma del contrato, el enemigo me bombardeaba la mente y comencé a sentirme triste porque nada sucedía. Tenía la certeza que esta era la finca que el Señor me había mostrado. Él

tenía que obrar de alguna forma. La experiencia que he tenido en mis 28 años de estar sirviendo al Señor es que a Dios le place llevarnos a la orilla del Mar Rojo para que luego contemplemos Su Gloria.

Ciertamente, aunque esta verdad espiritual puede ser conocida por los cristianos, no es lo mismo leer la historia que ser parte de ella. Creo que cada situación adversa que cada cristiano debe de enfrentar en la vida será una oportunidad que se nos presenta para que el nombre de nuestro Señor y Dios sea glorificado.

El problema es la arena donde los gladiadores se enfrentarán con sus armas de destrucción. De un lado, Satanás y sus secuaces con sus armas de desánimo y tentación; del otro lado, el cristiano que en ese momento representa al Hijo de Dios. Si el cristiano es vencido, el diablo sentiría que venció al propio Jesús.

Por algún momento había dejado que la tristeza me inundara el ser mientras sentado en la escalera de la casita contemplaba la finca y meditaba en las casas albergue que podría construir. Animándome me dije: - *Toño, si aquí el Señor te trajo, no debes temer, te ayudó en el pasado, lo hará también hoy. Quien te llamó es Fiel y Verdadero, no miente y por tanto no te fallará. Gracias Señor por la provisión, este asunto está en tus manos.*

Me levanté de la escalera, agarré la cinta de medir, lápiz y papel y me puse a medir y los lugares donde construiremos 12 Cabañas para Albergue a las cuales llamaremos con el nombre de los fundamentos de la Nueva Jerusalén. Comencé a preparar un dibujo ubicando las casas, los talleres, la Iglesia, el área recreativa, los estacionamientos, etc.

En cuestión de segundos cuando tomé esa actitud positiva y no permití que el enemigo me llenara de tristeza, el gozo del Señor fluía por mí ser y me reía solo contemplando la victoria que por fe sabía que era nuestra. Al día siguiente como en la Fraternidad de pastores me habían encomendado la misión de llevar un spot

Señor, he venido a ti y nada ha sucedido

de promoción radial de la Convención anual a una emisora de radio en San Germán, pensé visitar a una vieja amiga del Ministerio Cristo Viene.

La hermana Maribel es una hermana comerciante muy dadivosa a la obra del Señor. Pensé hacerle una visita de camino a la emisora para saludarla y obviamente para ver si el Señor la usaba para suplir la necesidad de los $2,100 dólares que me faltaban.

-Toño, muchacho, que bueno verte. ¿Cómo has estado? ¿Qué estás haciendo ahora? Como la vez que le hablé a mi amigo el Licenciado Varela cuando necesitaba el contrato de arrendamiento, la misma unción bajó y comencé a dar el testimonio de Amor A Puertas Abiertas.

Ella me había contado que las cosas en el negocio no le iban muy bien, por lo que deduje que no me daría una ofrenda. Pero seguimos hablando del Señor y Maribel me dijo; - *Yo conozco a un hombre que se llama Pascual, él es un cristiano católico que le gusta ayudar a la obra del Señor. A mí me ha ayudado bastante en los viajes misioneros que estoy haciendo a la República Dominicana.*

Le pregunté: -*¿No tienes la dirección de él para escribirle y enviarle una Propuesta?* En ese momento ella procedió a llamarlo. Mientras esperaba, pensé que no sería prudente hablar este asunto por teléfono, por lo que le dije a Maribel que solo le preguntara la dirección postal. – *Aló, Pascual, Dios te Bendiga, ¿cómo estás? Necesito saber tú dirección postal para enviarte algo, okey, aja, aja, aja*

Cuando regresé a casa encendí la computadora y le redacté esta carta:

16 de febrero de 2005
Hno. Pascual

Señor, he venido a ti y nada ha sucedido

¡Que la bendición del Señor siga sobre usted, familia y en todo aquello en que pongas sus manos!

Aunque no he tenido el honor de conocerle personalmente, mi hermana en Cristo Maribel Weber a la que llevaba muchos años sin verla hasta el pasado martes 15 de febrero, me habló muy bien de usted, de su amor y respaldo a la obra humanitaria que realizan distintas Iglesias. Dicho sea de paso, "bienaventurado es usted". Mateo 25:31-46

Haciendo la historia larga corta, luego de cinco años de estar trabajando de manera ambulatoria con personas sin hogar en los pueblos de Hatillo, Camuy y Arecibo, Dios nos ha abierto una puerta para que iniciemos nuestro "Campamento Amor A Puertas Abiertas" en el cual estaremos trabajando para ayudar en la rehabilitación y reintegración a la sociedad de estos hermanos nuestros hundidos en la desgracia.

El Señor nos ha inspirado un Plan de Trabajo bien elaborado que sabemos que será una herramienta de transformación para muchos. El Campamento será el lugar donde el primer paso en la rehabilitación se efectuará. Tendremos distintos talleres, crianza de animales, proyectos agrícolas, recreación y sobre todo el amor del Señor a puertas abiertas.

Para esto Dios nos ha dado la bendición que recientemente se desocupara una casa con 3 cuerdas de terreno justo al lado de nuestra oficina de servicios ubicada en la calle Mangotín #724 del Barrio Carrizales en Hatillo, las cuales estamos adquiriendo mediante Contrato de Arrendamiento a 10 años con Opción a Compra.

El acuerdo de este contrato es de una renta de $7,600 dólares anuales, pagaderos en dos pagos de $3,800 dólares cada 6 meses, comenzando el día que firmaremos el mismo ante abogado notario en los próximos días. Esto incluye $2,000 dólares que se acreditarán por año a la opción a compra.

Señor, he venido a ti y nada ha sucedido

En el momento en que hago esta carta, el Señor nos ha bendecido de tal manera que en solo 1 semana hemos logrado recaudar $1,700 dólares en ofrendas para el primer pago, pero necesitamos para el próximo lunes 21 de febrero a las 3:00 p.m. tener los $3,800 dólares.

Por tal motivo, tocamos a tú puerta pidiéndole su respaldo con una ofrenda misionera que nos ayude a cubrir la necesidad. No importa cuál sea la ayuda, la recibiremos como una gran bendición de provisión del Señor. Las necesidades son muchas, pero una de las prioridades actuales es esa.

Por último, quiero decirle que me disculpe, si considera un atrevimiento mío el que sin conocerle personalmente le solicite su ayuda; pero debo de confesarle y Dios es mi testigo, cómo le he pedido en oración que me dirija hacia aquellas puertas de provisión para ésta su obra que me ha dado el privilegio de administrar.

Espero pronto nuevamente comunicarme con usted para invitarle al Culto de inauguración. Hasta entonces, muchas gracias por su atención y respaldo.

Dios le Bendiga ricamente. Salmo 41:1-3

José "Toño" Herrera Negrón
Presidente Fundador

Preparada la carta junto a una copia de nuestras propuestas, Mary y yo pusimos nuestras manos y oramos pidiendo al Señor que obrara. Fui al correo y la envíe con sello de prioridad.

Días después, me encontraba trabajando en la fábrica de mi buen amigo Augusto Moscarrella, Química del Norte en Quebradillas. Me encontraba solo envasando jabón líquido, cuando cerca de las 12:00 del medio día me llama Mary a la fábrica:

Señor, he venido a ti y nada ha sucedido

- Toño, ¿sabes quién se acaba de ir de aquí? ¡Pascual! Ese señor me llamó por teléfono para preguntarme dónde vivimos porque venía a traerte una ofrenda de los $2,100 dólares que nos hacen falta. Le dije que tú no estabas, pero él me dijo que no había problemas que luego hablaba contigo, que me entregaba el cheque y se iba rápido.

Mientras escuchaba a Mary se me hizo un nudo en la garganta y mis ojos se llenaron de lágrimas al ver la mano del Señor demostrando una vez más, que Él tiene cuidado de nosotros y de Su obra.

El 22 de febrero de 2005 firmamos el contrato de arrendamiento con opción a compras por $250,000 mil dólares a un término de diez años. Qué bueno es saber que Dios tiene siervos a los cuales usará como instrumento de bendición. Siervos que aman bendecir la obra del Señor.

Hoy día Pascual no solo se ha convertido en uno de nuestros mayores colaboradores y miembro de nuestra Junta de Directores, sino en un gran amigo personal junto a su esposa Aida.

De izquierda a derecha: Doña Ana Ruiz, Iris Pérez Colón, Marisol y yo el día que firmamos el Contrato de

Señor, he venido a ti y nada ha sucedido

Arrendamiento de la finca. El día que conocimos a Pascual y Aida. Hoy son colaboradores de nuestra Misión usados por el Señor y mantenemos una gran amistad.

Señor, he venido a ti y nada ha sucedido

Nuestra amistad desde entonces ha sido una muy bendecida. En estas fotos recientemente compartiendo en reunión cena. (2018)

Capítulo 22
PRUEBAS ANTES DE LA BENDICIÓN DE DIOS

Sometida la nueva Propuesta, ahora no sólo como Oficina de Servicios ambulatorios, sino con dos facilidades para ofrecer albergue a las personas sin hogar, lo inesperado sucedió. De $17,100 dólares que recibimos en la última propuesta sin ofrecer el servicio de albergue nos recortaron el presupuesto a sólo $10.000 dólares.

El compromiso de renta ahora era de $13,700 dólares sin contar los gastos de luz, agua y alimentos que eran los gastos más fuertes. Recuerdo el día que recibí la notificación de la cantidad del fondo aprobado, fue una mezcla de sentimientos; coraje y confianza.

Coraje, porque meses atrás habíamos recibido una carta del Departamento de la Familia que nos cuestionaba ¿qué gestiones estaba nuestra organización realizando para dar albergue? En otras palabras, ya está bueno de alimentar solamente, ahora queremos que los alberguen. Cuando precisamente hacemos eso, nos reducen los fondos. Una vez más el enemigo trayendo situaciones para desanimarnos.

A todo esto, luego de aquella primera propuesta que recibimos de $40,000 mil dólares, no me aprobaban un salario, por lo que de los $10,000 aprobados, no podía utilizar un solo centavo para ese tipo de gastos. Lo bueno, a pesar de toda la mala noticia, fue que en el mismo momento cuando me enteraba de la reducción de los fondos, la presencia del Señor corría por mí ser como un río el cual me inundaba de confianza. Era como el Señor diciéndome: *"No temas, Yo te ayudo, Yo soy el que te suple"*.

Señor, he venido a ti y nada ha sucedido

Los meses pasaron y con ellos la renta se iba acumulando. Cuando oraba por esta situación, pensaba en Pascual, pero no tenía el valor de llamarlo. Pensaba que podría pensar que me estaba aprovechando de su nobleza y no quería que sucediera esto. Un día, ante la situación de tener la renta atrasada, me armé de valor y lo llamé para saludarlo, pero luego que hablamos, no me atreví mencionarle nada cuando me preguntó cómo iban las cosas.

Los días pasaron hasta un día que estaba cerca de su negocio, pensando si entraba o no a saludarlo, cuál fue mi sorpresa cuando voy pasando frente a su restaurante, Pascual que está esperando para cruzar la calle cuando en ese preciso instante me ve y saluda: - Toño, Dios te bendiga, ¿qué haces por ahí? Sorprendido por la casualidad de tener que cederle el paso para que cruzara la calle le dije:

—*"Estaba haciendo unas gestiones y decidí pasar por aquí para saludarte".* Me invitó a almorzar y mientras hablamos de los asuntos de Amor A Puertas Abiertas, me preguntó cómo estaba con la renta de los albergues.

Le expliqué lo que me había sucedido con la propuesta y los planes que tenía para construir un Hidropónico donde sembraríamos cilantrillo para generar ingresos que nos permitieran cubrir los gastos y no depender de fondos. Luego de explicarle cómo funciona el cultivo mediante ese sistema, se interesó y me dijo:

- *¿Cuánto necesitas para montar el Hidropónico? – Bueno, haciendo nosotros la mano de obra, unos $14,000 mil dólares serán necesarios para comprar los materiales.* A lo que Pascual respondió: *– Cuenta con eso, yo te los doy en calidad de préstamo y cuando puedas me los pagas a plazos según vayas generando ganancias.*
No podía creer lo que estaba escuchando y no tenía palabras para agradecer su respaldo. Ante este gesto tan desprendido de su parte, se me ocurrió pedirle que fuera parte de nuestra Junta para

que esté al tanto de todos los asuntos ya que estaba invirtiendo una cantidad considerada de dinero a lo que respondió afirmativamente. De camino hacia el auto me da un cheque y me dice: - *Esto es para que pongas al día la renta. ¡Gloria a Dios! – Gracias Pascual, no tengo palabras para agradecer todo lo que estás haciendo. – Tranquilo, el Señor me ha bendecido y es una manera de reciprocar la bendición de Dios.*

El Señor ha usado a Pascual para bendecir nuestro ministerio y a mi persona con una ofrenda mensual para ayudar en mis gastos personales. Esto es algo que también le estaré eternamente agradecido. De esa manera, en la próxima reunión que tuvimos con los hermanos que componían la Junta de Directores, ingresó Pascual a la misma.

Hoy nuestro albergue tiene un taller que a la vez funciona como una empresa que llamamos Hidro Cultivos AAPA donde se cultiva cilantrillo el cual nuestros participantes del programa venden y reciben el 50% de sus ventas como incentivo. Los testimonios de la provisión que el Señor ha hecho son muchos y cada vez siguen ocurriendo, no porque yo sea merecedor de ellos, sino porque Él es el fundador y dueño de Amor A Puertas Abiertas, nosotros solo somos el mayordomo.

A los héroes, muchos de ellos anónimos, que ha utilizado el Señor como instrumentos de provisión en momentos determinantes, les doy las gracias muy sinceras; pero en realidad tuvieron ustedes el privilegio de ser utilizados por nuestro Señor para la realización de una más de sus misiones aquí en la tierra.

¿Qué me quiere decir? Se pregunta usted. Cuando el Señor le dirige a usted para que de una u otra forma ayude a una de sus obras, esto quiere decir que cuando El planificó el llamado de uno de sus Ministerios en la tierra, lo hizo pensando e incluyéndolo a usted en sus planes.

Señor, he venido a ti y nada ha sucedido

Que usted y yo pensemos en Dios está muy bien; pero que Él piense en mí, me haga un llamado específico, escuche mi oración y se digne a responderla con premura, que haya trazado un plan estratégico para que lo realicemos individualmente, eso sí es grandioso, maravilloso, insuperable y no existe mayor privilegio que ser un simple siervo al servicio del Señor. ¡Olvídese de los títulos!

A la derecha, la hermana Blanca, Mary, Wilfredo y Pica. Arriba Leonardo y Pellot con Cany en sus brazos.

Señor, he venido a ti y nada ha sucedido

Capítulo 23
DIOS HACE HABITAR EN FAMILIA A LOS DESAMPARADOS SALMO 68:6

La misión y visión de Amor A Puertas Abiertas ha sido servir como albergue de vivienda transitoria con servicios de apoyo. Este servicio está disponible para que el Señor lleve a personas que las distintas circunstancias de la vida han caído en desgracia y hoy se encuentran desamparadas en las calles enfrentando la triste realidad de haber perdido sus familias y el dulce calor del hogar.

Con esto en mente se fundó Amor A Puertas Abiertas, una casa que no sólo sirva de refugio, sino donde también sean restaurados. Ese lugar donde "Dios haría habitar en familia a los desamparados" para luego sanar sus heridas, enderezar sus caminos y encaminarlos a un nuevo comienzo.

Desde el año 2000, cuando comenzamos a distribuir comidas calientes hasta el 2005, se distribuyeron más de 20,000 mil platos de almuerzos a personas sin hogar en las calles. Para nosotros fue un gran logro, pues vimos como el Señor multiplicó aquellos primeros siete platos que salían del caldero de mi esposa cuando comenzamos.

Luego de seis años de servicios ambulatorios, desde enero de 2006, fecha cuando dimos apertura a nuestro primer albergue hasta el presente (mayo de 2009), aunque no con todas las facilidades y recursos disponibles para ofrecerles, hemos dado servicio de vivienda transitoria con servicios de apoyo a más de 100 participantes. Nuestro concepto no es ser un Centro de

Rehabilitación cargado de normas y reglas disciplinarias ni mucho menos parecer una Institución carcelaria.

Como cuestión de hecho, en nuestro albergue el participante ingresa de manera voluntaria. Esto no quiere decir que no tengamos normas y reglas, pero las mismas son aquellas que se llevan en una familia normal. La autoestima de las personas que viven en las calles, por lo general se ha perdido. Vivir en edificios abandonados llenos de basura cuando antes disfrutaba el calor de una familia. Es una experiencia negativa que no permite una esperanza de cambio en el individuo. La persona ha perdido su deseo por superarse, se siente culpable por el fracaso, sin deseos de continuar luchando, etc. Es fácil no hacer nada y decir: - "Están así porque quieren, ellos decidieron tomar ese camino..."

Y muchos otros argumentos que bien pueden ser ciertos, pero ¿de qué se trata el evangelio de Jesucristo? ¿Acaso no vino Jesús a buscar lo que se había perdido? ¿No dijo Él que los sanos no tienen necesidad de médico, sino los enfermos? ¿No dejó las 99 ovejas en el redil y fue a buscar la oveja número 100 que se le había extraviado?

Qué bien hizo sentir el Padre a su hijo pródigo cuando al regresar a su casa lo recibió con amor, hizo fiesta para celebrar su regreso y le restituyó su autoridad colocando en su dedo el anillo y vestidos nuevos.

Y si pensamos en la morada que el Señor se fue a preparar para cuando vallamos a Él, ¿cómo será la excelencia que nos espera? Esto es la base de la misión de Amor A Puertas Abiertas atemperada al siglo 21. En enero de 2006 recibimos nuestros primeros participantes. Leonardo, Pellot, Wilfredo, Pica y Webster los primeros cinco. Luego llegó Danny, Adalberto, el Cubano, Omar, Jaime y Kaki.

Cada uno de ellos, con una historia distinta, situaciones familiares parecidas, hogares destruidos, pero a la vez, con recuerdos de buenos tiempos vividos. Cada vez que me siento a escuchar sus historias y anécdotas es como si estuviera recogiendo pedazos de una vasija que ha caído al suelo.

Las más tristes historias de sucesos familiares que tuvieron como el escenario, el seno de un hogar. Cada vez hacen recordar aquella madrugada cuando el Espíritu Santo gemía por mis labios, *"son mis niños que han sido maltratados, son mis niños que han sido abuzados"*.

Distintas personalidades marcadas por el dolor, unos con más tiempos que otros de tener sus heridas abiertas que se niegan a cicatrizar. Muchos con sus instintos agresivos de supervivencia callejera presta a tomar acción a la menor provocación por parte del compañero de cuarto. Ahora no era solamente alimentarlos y compartir un rato con ellos en su propio ambiente, ahora estaríamos conviviendo como una familia día a día.

Siempre que llegaba un nuevo participante al Albergue lo entrevistaba, le entregaba un paquete de bienvenida el cual contenía artículos para su aseo personal, le obsequiaba un pequeño Nuevo Testamento dándole el testimonio de aquella oración: "Señor, he venido a ti y nada ha sucedido", buscando motivar su deseo de orar a Dios.

Y finalmente, para motivar su deseo de superación y crecimiento, los hacía sembrar un árbol en la finca el cual le explicaba que crecería representando su vida y progreso en Amor A Puertas Abiertas. Ellos debían de cuidar de ellos echándoles agua y velando que ninguna mala yerba ahogara su crecimiento. Esto lo hice con los primeros ocho participantes que llegaron al Albergue sin saber que verdad algunos de estos árboles reflejarían el crecimiento de ellos.

El árbol de Pellot fue el segundo en la entrada de nuestra finca en ser sembrado. Recuerdo el día en que llegó aquel joven corpulento y moreno. Su vida encerraba odio hacia su padre. Cuando niño presenció las muchas golpizas que le daba a su madre y a él cuando llegaba borracho al hogar.

Un día, siendo ya un joven, en defensa de su madre agarró a su padre por el cuello hasta casi estrangularlo advirtiéndole que si volvía a ponerle las manos encima, lo mataría. Irónicamente, el maltrato que vivió con su padre y que tanto lo perturbaba se estaría reflejando en él ahora con su propia familia.

Pellot es padre de cuatro adolescentes, dos hembras y dos varones. Todos esos conflictos de manejos de sus emociones hacia sus seres queridos en combinación con las drogas y el licor se convertirían en el detonante para que un día decidiera abandonar a su familia.

Los vicios a las drogas son, en la mayoría de los casos, el subterfugio del individuo o una avenida de escape a la realidad de la desgracia de un hogar disfuncional. En la calle lo esperaban otros problemas que lo harían tener problemas con la justicia, por lo que la cárcel y posteriormente en la calle, una casa de madera abandonada se convertiría en su hogar.

Luego, cansado de su miserable vida, ingresaría a varios programas de rehabilitación donde por pequeños períodos de tiempos permanecería voluntariamente, pero, entrando y abandonando los programas.

Los días festivos como las navidades, los días de los cumpleaños de sus hijos, su aniversario de bodas y los días de las madres eran momentos en los cuales la depresión lo invadía. Recuerdo un día de las madres que Pellot vino a Mary y entregándole una postal con un regalito la felicitó con un beso y un nudo en la garganta, salió corriendo aguantando el deseo de llorar.

Salimos detrás de él, para saber que le pasaba; - *¿Pellot qué te sucede, estás bien?* Su relato hizo que en nuestra garganta se formara un nudo. Estando él viviendo en las calles, un día de madres decidió visitar a su madre la cual hacía tiempo no veía. Había comprado unas rosas y un pequeño regalito para darle la sorpresa. Tengo que decir que Pellot es un hombre de piel morena, rustico en su hablar, de primera impresión usted puede recibir una opinión equivocada de su persona. Cuando usted lo conoce personalmente, es un ser de sentimientos muy sensibles.

La última vez que había visto a su madre estaba recluida en un asilo de ancianos indigentes. Al llegar al asilo con su ramo de rosas y su pequeño regalo para darle la sorpresa, la noticia lo marcaría por siempre; - *Lamentamos tener que decirle que su madre, hacen meses que murió.* Esas son heridas que no cicatrizan fácilmente y en ocasiones, quizás en la mayoría de las veces, son áreas con las que tenemos que lidiar para evitar que ocurra la recaída.

Observando el comportamiento ambivalente de Pellot, comprendí los conflictos con los que tienen que lidiar las personas que han sufrido la rotura de su hogar por sus propias culpas, errores o malas decisiones. Cada vez que se sentaba retirado con su guitarra y cantando canciones melancólicas, le decía a Mary, "oh, Pellot está con la depresión encima".

La primera vez que nos abandonó, ya habían transcurrido seis meses. Estábamos orgullosos de su progreso, mantenía la finca limpia, siempre se la pasaba sembrando flores y en los trabajos de fuerza, se ganó el mote de "la caterpilar". (equipo pesado)

Una tarde se montó en la bicicleta que le habíamos regalado y saliendo sin decir una sola palabra, nos abandonó. Yo no quería aceptar que nos había abandonado y decía que tal vez estaría dando una vuelta por ahí, aunque en lo profundo de mi corazón sentía que nos había dejado. Una tristeza llenó nuestro corazón de tal manera que era como si una de nuestras propias hijas nos hubiera abandonado. El amor que sentíamos por él y ahora el dolor de perderlo era parte del nuevo nivel al que Dios nos había subido al concedernos el tener el Albergue.

Esto sucedería con otros participantes en el futuro por lo que teníamos que ir acostumbrándonos. Cuando más tranquilo parece estar todo en el Albergue, de repente alguien nos abandonará. Algunos con el transcurrir del tiempo vuelven nuevamente arrepentidos pidiendo una nueva oportunidad, la cual por lo general se les concede. Son en esos momentos en los cuales pienso, ¿dónde estaría hoy si Dios no me hubiera concedido una nueva oportunidad? Si el Señor ha sido siempre conmigo Amor A Puertas Abiertas, ¿cómo no he de hacer lo mismo con mi hermano caído?

Varios meses después de haber sufrido la partida de Pellot, mientras participaba del culto con los muchachos en el Albergue les dije: - *Vamos a orar por Pellot para que el Señor, donde quiera que él se encuentre, lo inquiete y lo haga regresar al Albergue.* Mientras oraba, la presencia del Señor se dejó sentir y la unción fluía en medio de alabanzas que gritaban unos y amén que acentuaban otros.

Esa oración la hicimos Domingo a las 7:00 de la noche durante un culto en el Albergue. Al otro día, como a la media noche, Pica me llama por teléfono: - *Pastor, ¿sabe quién acaba de llegar al albergue?* – ¡No me digas que Pello! – *Dice que ayer, mientras estaba acostado en una banca en la Plaza de Recreo de Aguadilla, comenzó a pensar en lo bien que estaba en el albergue y dice que sintió un desesperó por regresar. Se levantó y comenzó a caminar hasta que llegó hoy. ¿Qué hacemos con él?* – *Muchacho preparen su cama, denle comida y lo que necesite, en la mañana lo veré.*

En la mañana lo abrazamos y lloramos juntos de gozo porque había regresado. Su árbol no crecía porque en su corazón no había hecho una decisión para cambiar su estilo de vida. El mismo Pellot se percató, al ver los demás árboles sembrados al mismo tiempo, que todos habían crecido excepto su árbol. Pellot arrancó su primer árbol y en el mismo lugar sembró un arbusto proclamando que éste sí crecería, pues ahora quería hacer bien las cosas. Así como Pellot, si escribiera todas las experiencias y anécdotas que guardamos como gratos recuerdos de hasta ahora más de 100 muchachos que han pasado por nuestro Albergue, se haría muy extenso este libro. Sólo les diré que en la mayoría de los casos nace una relación de familia y se sufre cuando llega el momento que tienen que dejarnos, sea porque pasan a la etapa de integración a la sociedad o porque nos abandonaron sin despedirse.

Como parte de los Servicios de Apoyo que hemos logrado coordinar para que nuestros muchachos tengan una nueva oportunidad en la vida, hicimos un contacto con una compañía de West Virginia que se dedica a reclutar hombres para trabajar en Granjas de crianza de pavos o Aserraderos de Madera. Ellos les proveen vivienda y les pagan su salario lo que representa para ellos una buena oportunidad para comenzar una nueva vida en un nuevo ambiente.

Sin embargo, no todos aprovechan la oportunidad o más bien, quizás algunos volverán a recaer y tendrán que comenzar de nuevo. La buena noticia es que, aunque suceda esto, el Señor siempre estará dispuesto, no importa qué errores vuelvan a cometer, a darles de Su Amor A Puertas Abiertas. Otros sacarían buen provecho de la oportunidad y realizando nuevamente sus vidas.

Qué bien se siente cuando al contestar mi celular es uno de mis muchachos reportándose para darnos noticias de las cosas que le han sucedido. Sus bendiciones, sus logros, sus cosas en el trabajo. Cada vez que uno de ellos nos llama por teléfono, verdaderamente nos hace sentir gozo, que todas las batallas espirituales y materiales, el trabajo sufrido y las lágrimas derramadas para lograr apenas una cuarta parte de lo que visionamos será Amor A Puertas Abiertas, no han sido en vano. Cuando llegó el día de la partida de Pellot, pero no porque nos abandonaba sin despedirse, ahora porque se iba para West Virginia para trabajar y establecer su vida en ese Estado, fue un día donde la tristeza y la felicidad se abrazaban para llorar.

Lloramos, porque se nos iba Pellot, pero a su vez, nos daba gozo pensar que era por su bien. Ciertamente no había que estar triste si ese es el propósito de nuestra misión, que salgan de las calles y una vez estén preparados, se integren nuevamente a la sociedad.

Mientras guiaba el bus hacia el aeropuerto, miraba disimuladamente por el espejo retrovisor a Pellot. Mientras lo contemplaba pasaban por mi mente tantos recuerdos desde el primer día que llegó al Albergue. Las rabietas que por desacuerdos entre otros de los muchachos tuve que trabajar con él, los regaños que a veces le daba como de padre a hijo, pasaban por mi mente.

El día que lo llevé a Wal-Mart y le compré la Hummer de juguete con control remoto. Había que verlo jugando con ella en la finca. ¡Parecía un niño! Imagínese a un hombre de "40 años" de edad jugando con un carrito de control remoto. El niño que a muy temprana edad quedó en cautiverio, ahora salía a jugar. Ese regalo fue una sorpresa que le hicimos dirigidos por el Señor el día de su cumpleaños. Mientras todos esos recuerdos cruzaban mi mente, podía leer en su rostro que el mismo sentimiento él lo estaba sintiendo. Ahora no era como aquella vez que no le importó abandonarnos.

Pronto llegaríamos al aeropuerto por lo que tendría que enfrentar la despedida. De momento por la radio comenzó a cantar Marcos Witt, "*Dios, ha sido bueno, Dios, ha sido bueno, Dios, ha sido bueno...*

Comencé a sentir que un nudo se formaba en mi garganta y lo mismo lo sentían Mary e Iris. Cuando comenzó el himno, se hizo un silencio total. Todos meditaban escuchando la alabanza cuando de repente la presencia del Espíritu Santo se hizo sentir, Su Unción maravillosa se derramó sobre todos; entonces Pellot no se pudo contener más y comenzó a llorar como un niño.

Aquel hombre rudo, terco y obstinado no le importó que los demás lo vieran, bajando su cabeza lloraba bajo la hermosa presencia del Señor. Me imagino que por su mente pasaban tantos recuerdos de su niñez, todas las situaciones que ha vivido en las calles, la cárcel y nuestro Albergue, pero sobre todo como Dios lo había guardado durante esos años y ahora le abría una puerta de oportunidades para que comenzara su vida de nuevo.

Registrado el equipaje, comenzamos a despedirnos dando los últimos consejos. Nos tomamos algunas fotos y luego de abrazarnos cruzaron por la puerta de salida. Nos quedamos observando y diciendo adiós con las manos hasta que caminando ellos hacia su puerta de salida ya no los podíamos ver.

De regreso no podía contener las lágrimas en mis ojos recordando las anécdotas y vivencias con Pellot. En la noche al llegar a West Virginia nos llamó maravillado del lugar y contando emocionado con la experiencia del vuelo, pues nunca se había montado en un avión.

Estaba encantado con los paisajes hermosos de la blanca nieve. Y en todo momento en la conversación, expresando su gratitud, cosa que siempre le decimos, gracias al Señor que es quien los ama y los trajo a Amor A Puertas Abiertas.

Señor, he venido a ti y nada ha sucedido

El día que llevamos a Pellot al aeropuerto. Abajo, en su cama con su guitarra. Al fondo se puede ver el juguete la Hummer.

Capítulo 24
CAMPAMENTO LEVANTANDO AL CAÍDO

Del 3 al 9 de noviembre de 2006 en unión a otras agencias celebramos el Primer Campamento Levantando al Caído. Se rescatarían de las calles a 16 personas sin hogar para recibir tratamiento de desintoxicación y atención especial durante esa semana. Posteriormente serían trasladados a los Estados Unidos donde continuarían su tratamiento en distintos Centros de Rehabilitación.

Como en nuestro albergue no teníamos capacidad para albergar a los ocho participantes que nos corresponderían, se alquilaron dos casas rodantes las cuales se ubicaron en nuestro Campamento. El traslado de los participantes sería, desde La Posada San Felipe en Arecibo, lugar donde se organizó la actividad y fueron seleccionados los candidatos, hasta nuestras facilidades en Hatillo, lo realicé rentando los servicios de una limosina.

Nunca olvidaré el impacto que esto ocasionó en uno de ellos al llegar luego a la casa rodante completamente equipada y con aire acondicionado. Estaba de rodillas dando gracias a Dios por la misericordia que estaba recibiendo. Su autoestima fue impactada positivamente.

El mensaje que quise sembrar en su interior fue entendido a cabalidad; "tú eres importante para Dios, por eso entregó a su Hijo para que hoy tengamos vida en abundancia". Nunca habíamos rentado los servicios de una Limosina y aunque fue costoso y sacrificado el precio pagado por tan corta distancia, haberlos hecho sentir bien fue nuestra recompensa de gran gozo.

Señor, he venido a ti y nada ha sucedido

Este Primer Campamento Levantando al Caído se realizó gracias al auspicio de INSEC Inc. en colaboración de los Municipios de Arecibo y Hatillo, los Centros de ayuda a deambulantes La Posada San Felipe, En Jehová serán Provistos, la Oficina de Iniciativas de Fe del Municipio de Arecibo y nosotros, Amor A Puertas Abiertas Inc.

Señor, he venido a ti y nada ha sucedido

Grupo de voluntarios y participantes

Le adelanto que el Señor me ha dirigido realizar esta actividad pero ahora a nivel Internacional obviamente por toda mi tierra prometida de Sur América.

Capítulo 25
"SEÑOR SI ME DICES QUE NO; LO ENTENDERÉ"

Transcurridos diez años de servicios al Señor por medio de Amor A Puertas Abiertas, dos eventos tocaron a la puerta; una nueva crisis económica pero ahora a nivel mundial que nos azotaría fuertemente, de la cual hablaremos en capitulo adelante y nuevos sueños que comenzaron a inquietar mi espíritu de madrugada los que me hicieron abrigar la idea de retomar el llamado a Sur América que una vez recibí de las faldas del que está sentado en Su trono.

Quién ha sido llamado por el Señor a una misión en particular comprenderá el sentimiento que me agobiaba. Yo le había fallado al Señor. Aunque mi vida Él la había restaurado y sentía vi vida espiritualmente en paz con Dios, reconozco que no dejaba de molestarme cada vez que recordaba aquellos días de gloria vividos en Sur América. Y muchas fueron las batallas en mi mente con las que tuve que lidiar.

Creo que en ocasiones eran ataques del enemigo para de alguna manera poner tristeza en mi corazón y detener el avance de nuestra nueva misión, Amor A Puertas Abiertas. Y si en algún momento no niego que logró su propósito, también me hizo crecer, pues me recordó la veracidad de las promesas del Señor establecidas en Su palabra. Aunque han pasado más de treinta años, en mi mente y bien en lo profundo de mi espíritu el llamado a Sur América es como fuego que consume y no se apaga.

Desde que hice aquella simple oración que hoy es el título de este libro, siempre he acostumbrado a consultar a Dios en oración franca y directa sin protocolos religiosos.

Señor, he venido a ti y nada ha sucedido

Estas nuevas pruebas e inquietudes me llevaron a otra nueva cita de oración en la cual como las anteriores el Señor no tardaría en responder. Es curioso que aun cuando el Señor nos habla respondiendo a nuestras oraciones, esta realidad no impedirá el proceso del sufrimiento que experimentaremos en el proceso de la espera hasta ver el resultado final.

Si Dios te lo reveló, puedes estar seguro qué lo hará. Lo que te prometió lo cumplirá, no tarde ni tampoco temprano. Se cumplirá en el tiempo que Él lo ha determinado en su agenda hacerlo. Nuestro reto será seguir caminando con la cruz que nos ha sido asignada cargar. El desierto será inevitable. Los atajos también. No podemos evadir lo que tememos traerá dolor y sin dudas muchas lágrimas a nuestros ojos.

He aprendido en mis años de vivencias con el Señor, en altas y bajas, que Dios tiene el control de los tiempos de nuestra vida. Que las cosas que quisiéramos recibirlas hoy, en realidad, aunque sean promesas del Señor a nuestra vida, no necesariamente nos conviene recibirlas en nuestro tiempo deseado.

Cuando anhelamos recibir todo aquello que Dios nos ha confirmado para ejecutarlo puede convertirse en una aguda espada que hiere en lo profundo del alma. Esto suele suceder cuando pretendemos ocupar el lugar de Dios buscando con nuestras propias fuerzas que las puertas se abran y la provisión aparezca.

No me mal interprete, no es que no nos esforcemos en lograr que las cosas sucedan trabajando enfocados en una visión. Más bien, es cuando nos afanamos en lograr lo que queremos de manera desmedida en tal magnitud que hacemos que la espera sea un tormento.

Si bien esperar que llegue el tiempo de Dios en nuestras vidas no es algo que sea deleitoso, he aprendido a dejarme llevar como una hoja seca cuando cae en el rio. Dejar que Dios en Su soberana voluntad nos lleve al destino que nos ha trazado antes de la fundación del mundo. He comprendido que todo lo que me prometió o reveló más bien que haría con mi vida lo cumplirá, aunque no necesariamente en el tiempo en que yo así lo crea pertinente o desee con todas las fuerzas de mi alma. Si verdaderamente Dios lo dijo será hecho. Su palabra no tornará a Él vacía y sin cumplir todo aquello para lo cual nos fue declarada.

Pero hay tiempos que están predestinados para el cumplimiento y también desiertos de pruebas de preparación y capacitación previos al tiempo. En esta etapa de nuestra historia, le compartiré algunas que espero le animen para seguir adelante en su camino que el Señor le ha trazado. En mi caso, fui llamado a Sur América y ahora llegó el momento de sentarme a los pies del Señor para preguntar; *¿Señor, mi llamado a Sur América sigue en pie delante de ti?*

Fue la noche del 28 de septiembre de 2011 cuando antes de ir a la cama a dormir, decidí resolver el dilema de mi mente de una vez y por todas. Agarrando la Biblia y las libretas donde acostumbro a escribir mis sueños y revelaciones, me puse mi bata de oración, y caminé hacia uno de mis lugares secretos para consultar a mi amado Padre. Acomodando dos sillas, una frente a la otra invité al Señor a tomar asiento. Sintiendo un nudo en la garganta que hacía que mis palabras me dolieran al pronunciarlas, comencé a recordarle la historia de mi vida, la cual ciertamente Él muy bien conoce.

Particularmente comenzando mi historia desde aquella vez que sentado debajo del árbol de pino clamé: *"Señor, he venido a ti y nada ha sucedido"*. Imagínese como me sentía. Él me había respondido y manifestado en tantas ocasiones de manera sobrenatural y yo le había fallado.

Como quién levanta las manos en un tribunal de justicia aceptando su culpabilidad, estaba reconociendo que había fracasado y que gracias a su grande amor y misericordia no me había condenado. Luego de recordarle todas las maravillas que había hecho conmigo, le pregunté si volvería a Sur América a predicar. Si mi llamado seguía en pie dentro de Sus planes. Finalicé mi oración diciéndole:

"Señor, si me dices que no; lo entenderé, porque yo te fallé. Seguiré adelante sirviéndote, tratando de no pensar más en el asunto. Pero Señor, si todavía está en pie delante de ti mi llamado a Sur América, por favor, te pido que me lo confirmes de una vez y por todas porque no puedo más sintiendo esta agonía de haberte fallado, sigo soñando con la tierra a la que una vez me enviaste, Sur América".

Finalizada mi oración mi alma se quebró en Su Presencia rompiendo en llantos con gemidos tan agudos y cortantes como un filoso cuchillo de carnicero. Sentía que mi alma se quemaba en Su fuego purificador. Cual herrero golpeando sobre la rojiza braza en el metal para sacar las escorias del hierro, así también de mi alma.

¡Alabado sea el Señor que escucha y responde nuestras oraciones! Esa misma noche vino la respuesta de Dios a mí vida en sueños. Soñé que estaba debajo de un árbol enorme de mango recogiendo sus frutos en mi regazo. El árbol se encontraba junto a un Estadio en Sur América donde se realizaba una campaña evangelística. No sé en cuál República estaba, pero el sueño sentía en mi espíritu la certeza que estaba en Sur América. Recogía mucho fruto del suelo y en un momento bebí de un agua refrescante que brotaba de la tierra.

Luego comencé a escuchar la persona que desde la tarima dirigía la Campaña y la multitud que alababan a Dios cuando de repente reconocí que era la voz del evangelista Elías Suarez compañero del Ministerio Cristo Viene que dice: *"Le voy a pedir al evangelista José Herrera que suba a la plataforma para que ore por el mensaje que será predicado".*

Señor, he venido a ti y nada ha sucedido

Asombrado al escuchar mi nombre subí corriendo a la plataforma y al entregarme el micrófono, levanté mis manos y comencé a decir: *"Señor, gracias por tu amor, gracias por tu misericordia. Gracias por tu amor y gracias por tu misericordia".*

Mientras repetía una y otra vez estas palabras el Espíritu Santo se derramaba sobre todos los pastores que estaban en la plataforma y sobre todos los que estaban en el Estadio y desperté de mi sueño sintiendo también la preciosa presencia de Dios corriendo como ríos de agua viva por todo mi ser, dándome testimonio de que mi llamado a SUR AMÉRICA sigue en pie en sus planes divinos para mí vida y particularmente comprendí cual sería el mensaje que el Señor desea que les lleve; el mensaje de amor y misericordia.

Recibiendo esta maravillosa confirmación ahora sería cuestión de esperar que llegara el tiempo de Dios para su cumplimiento. Esta experiencia quitó de mi mente toda carga y presión de culpabilidad que secretamente me deprimía en ocasiones, aunque siempre lo procuraba ocultar o maquillaba bien para evitar que reflejara que estaba presente la frustración de haberle fallado al Señor. Me dio paz y sobre todo me hizo enfilar ahora mis cañones espirituales hacia Sur América.

Aunque la espera ha sido larga y en muchas ocasiones dura, todo ha sido un glorioso proceso en el cual el Señor nos ha pasado con el fin de perfeccionarnos a fin de que podamos cumplir la Misión de Amor A Puertas Abiertas ahora a nivel Internacional. En los próximos capítulos de este libro sabemos que el Señor le ministrará fortaleza, fe y esperanza para continuar al destino que también Él le ha trazado.

Espero que nuestras vivencias le ayuden; y si este libro ha llegado a sus manos en un momento en el cual se ha rendido y dado por vencido en su lucha por alcanzar las promesas que el Señor le ha hecho, estoy convencido que ha sido nuestro Amado Padre Celestial quien lo ha puesto en sus manos como un oasis de bendición. Cuando recibí la confirmación para retomar mí llamado a Sur América, esto ciertamente me dio la certeza y convicción que en el tiempo de Dios se cumpliría, aunque la espera sería dura.

Hoy, luego de varios años de espera y ver cómo Dios todo lo que nos ha revelado, aunque en los momentos cuando lo recibimos en revelación parecía imposible por las circunstancias, podemos cantar la alabanza de Marcos Yaroide:

"Cuando Dios da una palabra, puedes creerla con el alma, porque Su fidelidad, nunca falla. Porque Él no se limita, ante humanas circunstancias, y si Él dijo que lo hará, así será.

Mi trabajo es creer, y caminar bajo la fe, y el de Dios será hacerlo, Él tiene todo el poder, porque Él no improvisa, Él siempre tiene un plan, y aunque los tiempos no se presten con todo eso, Él lo hará.

Mi trabajo es creer y abrazarme a la fe, el trabajo de Dios es hacerlo, Él sabrá disponer en los tiempos, mi trabajo es mantener la calma, en lo duro de las circunstancias, el trabajo de Dios es abrir las puertas y romper murallas, mi trabajo es creer.

Cuando Dios está retando, a creer en Su palabra a pesar, que en el hoy, no vez nada. Es porque Él conoce todo, lo que viene en el mañana y si Él dijo que lo hará, así será.

Mi trabajo es creer y caminar bajo la fe y el de dios será hacerlo, Él tiene todo el poder, porque Él no improvisa Él siempre tiene un plan, y aunque los tiempos no se presten, con todo eso Él lo hará..."

Mientras escribo la letra de esta alabanza, la presencia del Señor se deja sentir sobre mi vida y estoy seguro también sobre la suya. ¡Dios bendiga a Marcos Yaroide! Este Pastor y Salmista del Señor quizás nunca sepa cuantas veces fui animado y bendecido por el Espíritu Santo al escuchar una y otra vez esa alabanza.

Señor, he venido a ti y nada ha sucedido

Como cuestión de hecho, al entrar en la lectura de este libro que marca mi regreso a Sur América comprenderá el por qué esta alabanza me ministra tanto. Esperar por promesas de lo que el Señor ha dicho que hará implica que un proceso será necesario atravesar antes de su cumplimiento. Es posible que usted esté comenzando o a mitad del suyo. Si has recibido un llamado de Dios, es parte del entrenamiento. Todos tenemos que atravesarlo para llegar a la meta que Él nos ha llamado a conquistar.

Y si hay algo que debemos de conquistar primero antes de salir a nuestro destino, es saber esperar en Dios e ir a donde el Señor en realidad nos ha llamado para que vallamos. Tenga en mente que en ese proceso es posible que puedan llegar ofertas tentadoras que pueden parecer o ser buenas para usted, por lo que debe procurar estar atento a la voz y revelación del Espíritu Santo para no salirse de la ruta correcta.

Algo que aprendí de Yiye fue que él siempre consultaba a Dios para cualquiera decisión aun cuando se tratara de ir a predicar a algún país. A veces esto suele caer en la mente de algunas personas como un acto de extrema religiosidad, pero en mis años en los cuales reconozco haber tomado decisiones ligeras basándome en mi intelecto porque según mi entendimiento era una buena o la correcta, pasando por alto consejos especialmente de mi esposa Mary, quien al final tenía la razón, me han hecho recapacitar al momento de tomar una decisión.

Y créame que no es fácil. Con nuestros ojos carnales vemos la oferta, la finca, el negocio que se nos ofrece en el momento de la presentación de la oferta, quien la hace lo hará en un espíritu de convencimiento.

En esos días en los cuales me encontraba esperando porque llegara mi salida para ir rumbo a Sur América, me encontré un gran amigo pastor que recién había abierto una nueva obra. Luego de conocer que no estaba haciendo nada, desempleado, pues luego de 10 años de servicios a consecuencia de la crisis mundial del

Señor, he venido a ti y nada ha sucedido

2008 los albergues finalmente cerraron sus puertas y yo me encontraba frustrado por eso. Esas pruebas las compartiremos en otra próxima nueva edición de esta aventura.

Luego de conocer mi situación me hizo una oferta que para mí fue como haber llegado a un oasis en medio del desierto. Me ofreció que fuera su Pastor Asociado de la obra que recién había comenzado. Que estaría predicando un domingo él y el próximo domingo yo. De igual manera como maestro de la Escuela Bíblica, un martes él daría la clase, y el siguiente yo sería el maestro. Y hasta me ofreció una ofrenda semanas para ayudarme con los gastos de la gasolina.

La oferta para mí en ese momento en los cuales, aunque ya tenía la confirmación del Señor que regresaría a Sur América y el Señor me había mostrado que el tiempo los 10 años de servicio de Amor A Puertas Abiertas había sido hasta ese momento de culminación, pues me parecía ser una bendición. Pero antes de comprometerme a tal responsabilidad, le enfaticé sobre mi llamado confirmado por el Señor. Aun conociendo yo que no debía ir a preguntarle al Señor por el asunto, lo hice. El 23 de mayo de 2012 oré antes de acostarme a dormir: *"Señor, mira la oferta que me están ofreciendo. Tú sabes que yo estoy claro de mi llamado y no he desistido del mismo por el hecho de aceptar la oferta del pastor. Señor muéstrame"*.

Esa madrugada salí soñando que iba caminando con un pequeño grupo de hermanos que venían detrás de mí hasta que de repente veo que llegamos frente a los portones del Ministerio Cristo Viene y el Espíritu Santo desciende sobre mí y me recuerda que tengo un LLAMADO A SUR AMÉRICA y les digo: *"Dios me acaba de confirmar que voy para Sur América"*.

Desperté sintiendo la presencia del Espíritu corriendo por todo mi ser, dándome testimonio a mi espíritu. Adoré y sentí renovada mis fuerzas. Cobré ánimo para seguir esperando pacientemente por el tiempo por Dios señalado para mi regreso a mi tierra prometida.

Señor, he venido a ti y nada ha sucedido

En la noche ese mismo día fui al culto de oración de los miércoles en el Salón del Ministerio Cristo Viene y cuando llegué al estacionamiento vi un pequeño grupo de hermanos que estaban recibiendo a Yiye y escucho una hermana que me grita al verme caminar hacia ellos; *"Mira evangelista del Señor quién está aquí".*

Yiye había sufrido el infarto y no podía hablar, aunque reconocía y con sus gestos procuraba comunicar sus emociones y sentimientos. Nos abrazamos y luego de decirle: Yiye, esta madrugada el Señor me confirmó que regreso a Sur América a predicar. Recuerdo la mirada de sus ojos conectados con los míos. Podía leer en sus ojos lo que con palabras trataba de decirme, pero por su condición, no podía.

Me eché sobre su pecho y comencé a llorar mientras él poniendo sus manos sobre mi cabeza oraba por mí con toda su dificultad ocasionada por el derrame cerebral que había sufrido.

En los días cuando me recién me había reconciliado con el Señor, recibí una carta de Yiye en la cual con su puño y letra me escribió:

Amado Hno. Toño:

Paz. Me gozo con tus victorias. Aleluya. Sigue adelante con todo Dios no te fallará. No te descuides en la oración y el ayuno. Ahí está la gran victoria. Amén. Cada día la unción será mayor. Amén.

Te ama en Cristo,
Hno. Yiye

Era el consejo que siempre daba en sus predicas y enseñanzas. Pero más que esas palabras, pude ver en la mirada su asombro por lo que el Señor estaba haciendo en mí vida restaurada. Fue una noche muy especial para mí.

Señor, he venido a ti y nada ha sucedido

> Amado Hno. Toño:
>
> Paz.
>
> Me gozo con tus victorias. Aleluya
> Sigue adelante por todo. Dios no
> te falle. No te descuides en la
> oración y el ayuno. Ahí está la
> gran victoria. La unción será
> cada día la mayor.
>
> Te ama en Cristo,
>
> Hno. [firma]

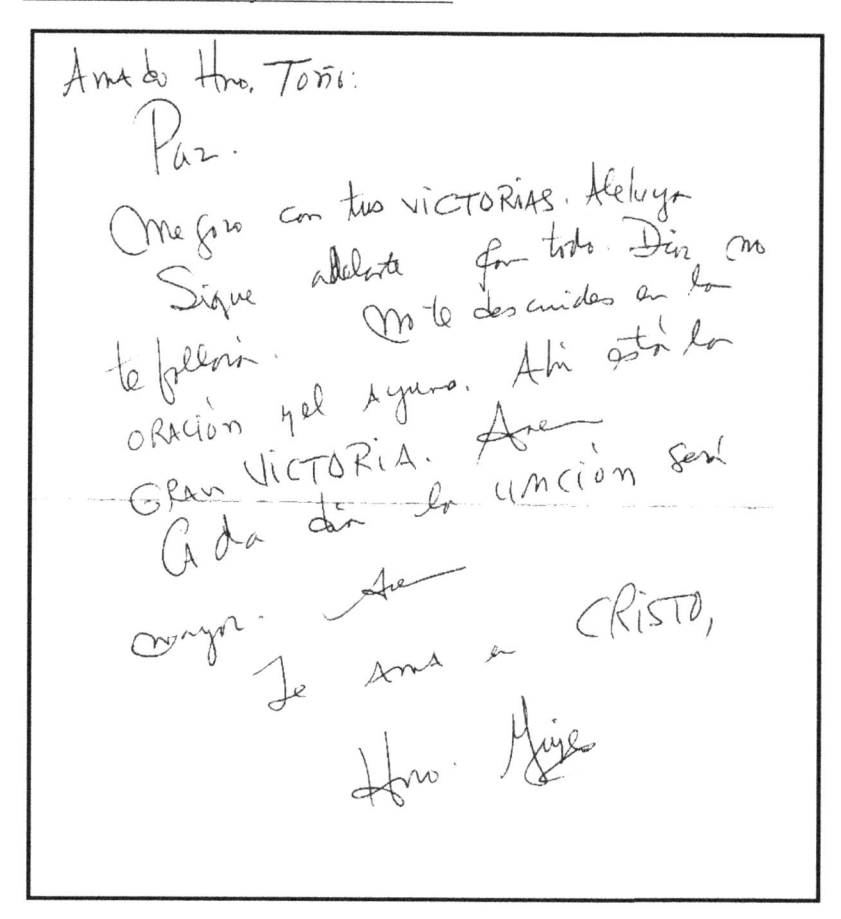

"Y sabemos que a los que aman a Dios, todas las cosas les ayudan a bien, esto es, a los que conforme a su propósito son llamados. Porque a los que antes conoció, también los predestinó para que fuesen hechos conformes a la imagen de su Hijo, para que él sea el primogénito entre muchos hermanos. Y a los que predestinó, a éstos también llamó; y a los que llamó, a éstos también justificó; y a los que justificó; a éstos también glorificó.

¿Qué, pues, diremos a esto? Si Dios es por nosotros, ¿quién contra nosotros? El que no escatimó ni a su propio Hijo, sino que lo entregó por todos nosotros, ¿cómo no nos dará también con él

todas las cosas? ¿Quién acusará a los escogidos de Dios? Dios es el que justifica. ¿Quién es el que condenará? Cristo es el que murió; más aún, el que también resucitó, el que además está a la diestra de Dios, el que también intercede por nosotros".

Como el barro lleno de escorias y partículas en las manos del Alfarero que lo trabaja sobre la rueda, así mismo nuestro Dios y Salvador sacará todo lo que estorba en nuestras vidas llamadas al servicio del Señor. Una vez le dije al Señor en una oración llena de lágrimas, con un corazón quebrantado sintiendo el dolor de un nudo en mi garganta, con mi voz quebrada le dije: *"Señor, haz de mí el ministro que quieras que sea".*

Ahora, luego de muchos años de haber hecho esa oración, miro hacia atrás y me sonrío. Levanto mis manos y le alabo y doy gracias por las copas de pruebas que eran necesarias beber. Aunque no pretendo decir que he llegado a la perfección, si puedo reconocer como me ha hecho madurar. Ahora entiendo que es mi momento para lo cual fui predestinado en su voluntad para el cumplimiento de mi misión delegada por el Anciano cuyos cabellos son más blancos que la nieve y sus vestidos largos.

Aquel joven, hoy es un hombre con canas que me anuncian mi metamorfosis hacia la vejez. Las experiencias en el camino de la vida nos dan conocimientos que el Maestro bien utilizará para que hoy podamos ser el ministro que Él quiere que seamos.

Uno que enseñe, predique y testifique de su grande amor y de su grande misericordia. Que no se confunda entre tantas opiniones religiosas y que solo hable verdad.

La verdad de su amor y su misericordia las cuales no tienen límites ni pueden ser controladas por ningún mortal. Él es quien murió y venció la muerte con el determinado propósito de perdonar para dar no una, sino todas las oportunidades que el hombre que le reconoce necesite para ser perdonado, levantado, restaurado, restituido, establecido en el propósito divino para lo cual fue llamado y obviamente para ser salvado.

Dicho esto, le invito a relajarse. Busque una buena sombra debajo de un frondoso árbol donde la brisa del viento se mezcle con la presencia sublime del Espíritu Santo el cual le acaricie mientras regresamos juntos a Sur América, mi Tierra Prometida por el venerado Anciano de cabellos blancos y vestiduras largas.

"Porque como desciende de los cielos la lluvia y la nieve, y no vuelve allá, sino que riega la tierra, y la hace germinar y producir, y da semilla al que siembra, y pan al que como, así será mi palabra que sale de mi boca; no volverá a mi vacía, sino que hará lo que yo quiero, y será prosperada en aquello para que la envié. Porque con alegría saldréis, y con paz seréis vueltos;" Isaías 55:10-12

Capítulo 26
"SEÑOR, LLÉVAME EN SUEÑOS A LOS LUGARES QUE ME LLEVARÁS"

Ya con la certeza que en el tiempo del Señor regresaría a mi amada tierra prometida, ahora mis oraciones eran pidiendo que me diera experiencias en las cuales viera lugares donde Él me llevaría. *"Señor tú sabes cómo amo esas tierras, tú conoces la pasión que siento y el deseo de mi corazón. No quiero ir en mi voluntad, sino cuando así tú quieras. Pero me puedes bendecir con experiencias como antes lo hacías. Muéstrame lugares de Sur América a los cuales me llevarás".*

Esto lo testifico porque así sucedió. En las noches, recuerdo una vez que le dije al Señor que me fuéramos volando a Sur América. ¿Volando? Usted se preguntará por qué volando. Bueno, fue una oración que hice impulsada porque como he tenido tantas en las cuales tengo la facultad de volar, simplemente se lo pedí. "Señor, vamos para Sur América volando". Esta facultad la tendremos todos cuando seamos transformados en un abrir y cerrar de ojos.

Y ese día llegó. El 8 de julio de 2012 en sueño revelación estaba corriendo en el techo de un edificio grande en donde también había muchas personas. Corría de un extremo a otro y cuando llegaba al borde del edificio, me lanzaba al aire volando como un ave. Moviendo mis brazos como si fueran alas, volaba alto y regresaba al techo del edificio.

Mientras hacía esto varias veces, corría entre medio de las personas y en ocasiones algunas se me ponían en el medio de mi carrera lo que me dificultaba agarrar impulso para lanzarme a volar. Una de esas personas recuerdo que me agarró por las piernas tratando de impedir que me levantara en vuelo, pero sacudiendo las piernas me lo quité de encima y pude elevarme. Entonces en el aire le dije al Señor, *"vamos para Sur América"*.

Volando por encima de mar, recuerdo haberme mojado por las olas. Podía palpar el agua. Sabía que estaba en un sueño y lo disfrutaba porque a la misma vez era tan real. Volando por encima del mar recuerdo que le dije al Señor, vamos ahora a volar ahora a la velocidad del pensamiento y dicho esto entré de repente a un hogar en alguna parte de Sur América que en ese momento no sabía cuál país era.

Mi entrada fue por el closet de la habitación de una joven que estaba acostada en su cama y había otra parada en la entrada de la puerta de la habitación. Yo las veía a ellas, pero ellas a mí no podían verme. Vi cuando otra niña pequeña, de algunos 7 años de edad, rubia con sus cabellos en trenzas entró a la habitación. Algo que sentí cuando entré a la habitación fue que le empapé el piso con agua de mar, pues en la trayectoria había entrado y salido del mar.

Salí de la habitación y cruzando la sala buscaba algún distintivo que me revelara en cuál país estaba. Mientras caminaba por la casa le preguntaba al Señor, pero Él, aunque no lo veía, sabía que estaba a mi lado, aunque no me respondía, percibía que se estaba riendo de mí por la experiencia que estaba teniendo.

Salí de la sala y llegué a la cocina y pude ver a una hermana sentada abriendo muchos paquetes de harina de trigo. El empaque era amarillo y tenía un sello azul en el centro. Salí fuera de la casa escuchando el sonido de los vehículos de motor que transitaban por una calle.

Vi un camión del recogido de la basura y a los hombres que trabajaban y mientras me acerco a una verja mirando hacia la calle tratando de ver alguna señal que me indicara el lugar donde estaba, lo recibí en mi mente y dije: *"SEÑOR, ESTAMOS EN ECUADOR"*.

Señor, he venido a ti y nada ha sucedido

Sintiendo un gozo inefable desperté de un sueño, riéndome y alabando al Señor por esa maravillosa experiencia que me había permitido tener. Yo la testifico porque para mí es importante saber que el Señor se complace en darnos todo aquello que sabe nos da alegría, aunque pareciera una fantasía o algo insignificante el pedirle sueños, para mí más que un sueño, es una vivencia íntima y muy personal con el Señor que me hace sentir en otro nivel de comunión.

Al despertar, como fue tan real lo que vieron mis ojos espirituales, comencé a buscar el paquete de harina de trigo en el internet y lo encontré. Harina de trigo marca PAN fue el mismo que vi en la revelación. ¿Por qué el Señor me mostró esto? Todavía no lo se pero tengo la convicción que en algún momento lo comprenderé, como también el hogar y las personas donde me llevó.

Como cuestión de hechos, nunca había visto previo a esta experiencia esta marca de harina ni mucho menos su empaque. Luego mi sorpresa al verla en la góndola del mercado donde hacemos nuestras compras. La compré para mostrársela a Mary.

<u>Señor, he venido a ti y nada ha sucedido</u>

Así como esta experiencia donde el Señor me ha llevado a Sur América en maravillosos sueños en los cuales, siempre que las he tenido, en el sueño tengo conocimiento en mi espíritu que estoy soñando. Cada vez que el Señor me habla en sueños o me quiere mostrar algo que vendrá, en el sueño se lo que está pasando. Sé que estoy soñando y siempre aprovecho la oportunidad para volar.

Volar en el espíritu permítame decirle será una de las facultades sobrenaturales que disfrutaremos cuando este cuerpo mortal sea revestido de inmortalidad. Podremos volar como las aves y los ángeles de Dios lo hacen. Transportarnos de un lugar a otro a la velocidad del pensamiento será otra realidad que nos espera cuando recibamos nuestro cuerpo de gloria el cual dice la Escritura será semejante al del Señor.

¿Le suena extraño lo que ha acabado de leer? Pues no debe de sorprenderse porque el Señor nos estará esperando en el cielo suspendido en el aire al sonar de la final trompeta.

"Porque el Señor mismo con voz de mando, con voz de arcángel, y con trompeta de Dios, descenderá del cielo; y los muertos en Cristo resucitarán primero. Luego nosotros los que vivimos, los que hayamos quedado, seremos arrebatados juntamente con ellos en las nubes para recibir al Señor en el aire, y así estaremos siempre con el Señor". 1ra Tesalonicenses 4:16

Capítulo 27
TODO ESTÁ LISTO…

En el proceso de orar y esperar porque llegara el tiempo del Señor para regresar a Sur América, comencé a buscar en el Facebook iglesias y hermanos en Ecuador. De esta manera comencé a tocar puertas compartiendo mi llamado e intenciones de ir a realizar campañas.

Orando y pidiendo al Señor que me dirigiera en esto, hice contacto con algunos pastores en la ciudad de Guayaquil, Ecuador que se interesaron poniéndose a la disposición. Así comenzamos a chatear y trabajar la coordinación de mi regreso a lo que por tantos años anhelaba mi corazón. A todo esto, había hecho los acercamientos y aparentaba que las puertas se habían abierto para mí, pero no tenía dinero para comenzar y mucho menos para el pasaje aéreo. Estaba moviéndome en fe.

La emoción que sentía por el mero hecho de estar chateando con pastores de Guayaquil me hacía sentir un gozo inefable y las expectativas en mi mente llevándome a niveles de adoración y agradecimiento al Señor jamás experimentados en mi vida. Recordaba la revelación donde me confirmaba mi regreso y adoraba y repetía una y otra vez: *Señor, gracias por tu amor, gracias por tu misericordia.*

Todo parecía que lo único que me detendría era sacar el pasaje de avión, pero no fue así. Cuando más gozoso y confiado me sentía que estos enlaces estaban en los planes del Señor, todo se disolvió quedando en nada. Los motivos no valen la pena comentarlos. Aunque me dolió y la frustración quiso traer depresión y debilitarme en la fe, pues ya me había hecho de ilusiones y me veía regresando a mi tierra prometida, comprendí que el Señor los puso a prueba y fueron hallados falto.

<u>Señor, he venido a ti y nada ha sucedido</u>

Ser rechazado duele y más cuando el rechazo proviene de quienes se supone sean aquellos que deben de apoyarte, pues dicen ser hermanos en la fe, o por lo menos eso creemos que son. Pero eso es tema para otro libro que bien podría titularse: "La misión del Cuerpo de Cristo".

Luego de meses de coordinación, prácticamente faltando pocos días en los cuales se suponía que llegara a Guayaquil, cancelaron la actividad. Fue un golpe bajo del enemigo directo a mis emociones. Si bien lo sentí, mucho más Marisol. Ella me abrazó buscando darme consuelo sin dejar de también sentir la frustración por el rechazo recibido.

Aunque todavía no había comprado el pasaje de avión, todo se había coordinado para que llegara a Ecuador el viernes 22 de marzo de 2013 lo cual no sucedió físicamente, sin embargo, el Señor en la madrugada me llevó en otra gloriosa experiencia sobrenatural del Espíritu la cual fue como un bálsamo para soportar calladamente la prueba.

Esa madrugada tuve uno de los sueños más hermosos y que parecían tan reales, como si hubiera estado físicamente en la experiencia. Soñé que estaba con una familia en un lugar donde había un camino de piedras. Era como si estuviera en un campo y en el inicio de la visión, no sabía que estaba en Ecuador.

Cuando me retiro de las personas y comienzo a caminar por el camino de piedras, veo que una mujer vestida de rojo se estaba acercando hacia mi persona y cuando me di cuenta quién era, traté de evadirla. La mujer era una de las pastoras que me había dado la espalda. Pero ella siguió caminando hasta que llegó a mí y con una sonrisa en su rostro me echó un sobre blanco en mi bolsillo, En ese preciso momento cuando la miré y veo su sonrisa resplandeciente me di cuenta estaba en Guayaquil en una revelación del Señor, e inmediatamente comencé a contemplar el lugar, estaba en revelación en Sur América. ALELUYA

Me reía y me gozaba sabiendo que el Señor me estaba dando esta experiencia la cual sabía que duraría poco tiempo. Miraba a la distancia y **vi un parque y lo que me parecía era un gran barco velero.** Luego de contemplar le echo mi brazo a un niño por encima de sus hombros y otra persona se me acerca y me entregándome un libro en mis manos me dice; *"Todo está listo. Has alcanzado todas las promesas que Dios te prometió".*

El libro era con corte redondo. Lo abrí y aunque no pude entender las cosas que estaban escritas en sus páginas recuerdo que las miraba pensando en lo que me decía.

Hoy cuando medito en esta experiencia he podido comprender que ciertamente todo está listo divinamente preparado por el Señor. Hay eventos que sucederán, personas que me esperan que hoy no conozco, provisiones milagrosas para el momento indicado, puertas que se abrirán y sobre todo encuentros con personas a las que el Señor me envía para que les predique y ministre de Su amor y misericordia.

Dios tiene el control. Es cuestión de vivir día a día el momento sin afanarnos por el mañana. Al despertar del sueño que parecía haber sido tan real, seguía riéndome y adorando al Señor dándole gracias por ese detalle, haberme llevado a Guayaquil el día que se suponía que llegara. Para entender lo significativo que fue para mí esta experiencia, debe de comprender que desde el momento que había acordado con los pastores la fecha de mi regreso los días los iba tachando en el calendario como un conteo regresivo.

Regresar a Sur América para retomar la misión de mi llamado es algo para mi tan significativo, pues mi deseo es finalizar cabalmente la misión que me fue asignada. Esto es algo que solo el Señor que escudriña nuestra mente y nuestros pensamientos conoce, por eso me bendijo con semejante experiencia que se no todo el mundo podrá entenderla o creerla a no ser que sea un creyente nacido del agua y del Espíritu.

Quiero que entienda algo, yo no soy una persona distinta a usted en el sentido que sea o tenga algún atributo especial que me haga más espiritual por lo que merezca tener este tipo de experiencias con el Señor las cuales para mí valorizo como un especial tesoro. Creo que todos estamos cubiertos bajo la misma gracia de Su amor y misericordia. Simplemente se cumplirá lo que Él dijo que sucedería a aquellos que lo ama:

"El que tiene mis mandamientos, y los guarda, ése es el que me ama; y el que me ama, será amado por mi Padre, y Yo le amará, y me manifestaré a él". Juan 14:21

En esos mismos días recibí la solicitud de amistad de un niño de Guayaquil. Javier Castillo comenzó a compartir conmigo por el chat y tengo que decir que la primera vez que hice un video chat en Facebook lo aprendí con él, pues me llamó utilizando esa aplicación que creo estaba recién saliendo al mercado.

De manera que solo el Espíritu Santo sabe hacerlo, quedé ligado en una sincera amistad con él. Me presentó sus hermanos y sus padres con los cuales también comencé a compartir por medio de esta red social que hoy prácticamente es una poderosa herramienta de comunicación mundial. Por medio de este niño, llegué a su Iglesia con la cual iniciamos los preparativos para realizar una campaña.

Ellos se mostraron entusiasmados al conocer de mi llamado y decididos a recibirme entendiendo que era enviado por el Señor. Así, las cosas comenzaron nuevamente a tomar su curso para finalmente encaminarme hacia mi tierra prometida. Se imagina como me sentía al ver como el Señor se plació de utilizar a un niño el cual me lo había mostrado en la revelación cuando en el camino de piedras le eché mi brazo sobre su hombro y comenzó a caminar a mi lado hasta el momento cuando el mensajero que me entregó el libro diciéndome; TODO ESTA LISTO…

Señor, he venido a ti y nada ha sucedido

He aprendido en mis años de caminar con el Señor, que aun cuando Él nos ha dado una palabra, esto no significa que no habrá luchas, pruebas hasta el grado de llevarnos hasta la orilla del Mar Rojo para manifestar su poder. Ahora nuevamente tenía una fecha para regresar a Sur América, pero esto implicaba que necesitaría obviamente el dinero para los gastos especialmente el pasaje aéreo, y ya usted sabe lo que le voy a escribir ahora, no tenía el dinero y todo estaba listo para recibirme, la campaña organizada, solo necesitaban que yo llegara al aeropuerto.

En esos días oraba como decía mi querido hermano Yiye; a rajatabla. Oraba y nada sucedía. Oraba y los días para cuando estaba pautada el inicio de la Campaña se acercaba y nada sucedía. Nadie llegaba con el milagro de mi pasaje que estaba esperando, declarando con toda convicción y seguridad de que iba en la voluntad del Señor. Por tanto, algo debía de suceder. Simplemente esperaba algo y creo que el Señor como a Moisés, me dejó llegar a la orilla del Mar Rojo para manifestar Su gloria.

Faltaban cuatro días para que llegara la fecha en la cual yo debería llegar. La fecha que habíamos establecido para mí llegada a Guayaquil fue el jueves 4 de abril de 2013. La Campaña comenzaba al día siguiente. Pensaba tantas cosas. Quería mantener mi mente libre de tensiones, pero era inevitable. Los pensamientos de tendría que suspender el evento por falta del dinero para el pasaje me invadían como lluvia torrencial. Cancela, cancela, cancela, continuamente sonaban en mi mente como agudos alfileres.

En medio de todo, silencio. ¿Me estará probando el Señor? Pensaba mientras la fecha de la salida se acercaba. Son las 4:00 de la tarde del lunes 1ro de abril y estoy bajo la ducha bañándome y a la vez orando preguntando con cierta preocupación al Señor cómo hará para suplirme para poder llegar a Ecuador, cuando de repente la suave voz del Espíritu Santo me recuerda un sueño que había tenido en respuesta a una oración que había hecho aquella noche.

Señor, he venido a ti y nada ha sucedido

Fue la noche del 3 de diciembre de 2012 cuando le pregunté al Señor a quién utilizaría para hacerme regresar a Sur América. Esa noche tuve un sueño el cual como siempre acostumbro, lo escribí en mi libreta de revelaciones. Soñé que mi hermano y amigo Tommy Figueroa, quien es presidente del Ministerio Cristo Viene se acercó a mi trayendo dos relojes en sus manos. Veo cuando comienza a darle vuelta a la perilla del reloj para ponerlo en hora, pero en vez de números eran palabras las que veía en la esfera del reloj, las cuales estaban escrita en lo que yo creo o tuve la convicción de alguna manera que no puedo explicar, estaban escritas en hebreo.

Luego de colocarlo en el tiempo correcto me lo puso en mi mano y luego haciendo lo mismo con el segundo reloj, lo puso en hora y se lo puso en su mano. En ese momento desperté sintiendo la presencia del Espíritu Santo quién me citaba un verso del Salmo 23:5 y dándome la interpretación del sueño.

En la libreta escribí esto: LOS 2 RELOJES SIGINIFICA MI TIEMPO PARA SUR AMÉRICA ESTÁ CERCA. EL ASUNTO ES FIRME DE PARTE DE DIOS, Y DIOS SE APRESURA HA PONER SU PALABRA EN OBRA. Y USARÁ AL HNO TOMMY FIGUEROA PARA QUE COMIENCE MI TIEMPO EN SUR AMÉRICA.

"Aderezas mesa delante de mí en presencia de mis angustiadores; unges mi cabeza con aceite; mi copa está rebosando".
Salmo 23:5

Cuando el Espíritu me hizo recordar este sueño, salí aprisa del baño a buscar la libreta donde había escrito el sueño y salí a toda prisa rumbo al Ministerio Cristo Viene en Camuy. Cuando llegué al estacionamiento del Ministerio le hicieron saber a Tommy que lo buscaba.

Señor, he venido a ti y nada ha sucedido

Cuando me vio me dice, *"¿Toño, por qué no me llamaste para tener más tiempo para hablar?"* Me dijo esto porque ya eran casi las 5:00 de la tarde, hora de salida.

"Tommy, Dios te bendiga. Entiendo, pero escucha lo que me sucedió. Tú sabes de mi llamado a Sur América, este viernes me están esperando las iglesias de Guayaquil y no tengo el dinero para el pasaje. Mientras me estaba duchando oraba y preguntando al Señor, el Espíritu Santo me recordó un sueño que había tenido contigo cuando le había preguntado a quién usaría para hacerme llegar a Sur América. Mira lo que en aquella ocasión escribí..."

Enseñándole lo que había escrito en la libreta, le dije: *"Tommy, ora por este sueño. Si es de Dios lo habré de saber hoy. Si el Ministerio o tú me pueden dar una ofrenda o prestar el dinero para el pasaje, se los pagaré a mi regreso. Pues, ora a Dios y cualquier cosa me llamas"*. *"Ok, pero me llamas mañana a las 3:00 de la tarde"*.

En la madrugada siguiente, luego de orar me conecté a la página web de American Airlines para reservar el pasaje. Aunque tenía que esperar al día siguiente para saber su decisión. El hecho de Tommy tener tan poco tiempo me hacía pensar que no iba a ser posible, pero también cuando recordaba el sueño, esto me llenaba de fe y convicción. Sentí una certeza sobrenatural que iba a ser positiva su decisión. Por eso hice la reservación y en la mañana le dejé escrita a Mary el número de la confirmación por si Tommy llamaba por teléfono.

Cuando la hora señalada para que lo llamara llegó, venía en el auto de mi amigo Wilson Arias con quien en esos días estaba trabajando en el Radiotelescopio de Arecibo. Ya Wilson sabía del asunto, pues le había contado del sueño. Celular en mano con mi corazón latiendo aceleradamente marqué el número del Ministerio.

Señor, he venido a ti y nada ha sucedido

"Ministerio Cristo Viene Dios le bendiga". "Amén, por favor comunícame con el hermano Tommy Figueroa". "Con mucho gusto, ¿de parte de quién? Un momento por favor".

"Toño, Dios te bendiga, mira tengo la llamada en altavoz, estoy en la oficina de la Junta con el hermano Tingo. Te vamos a respaldar." ALELUYAAAAA me saqué un grito de júbilo con mis ojos llenos de lágrimas. *"Hoy te llamé y Mary me dio la información de la reservación que hiciste. Te pagamos el pasaje con la VISA del Ministerio…"*

Faltando dos días para salir a Guayaquil el Señor hizo la provisión de $1,177.01 dólares para pagar el boleto vuelo AA 535 que saldría a las 3:15 pm de San Juan haciendo escala en Miami para luego tomar el vuelo que me llevaría directo a Guayaquil, Ecuador.

Llegado el jueves 4 de abril de 2013, el día que el Señor me hizo regresar a Sur América, fue un día muy especial en mi vida. Día de muchas lágrimas de agradecimiento. Lloré durante el camino al aeropuerto y en las salas de espera por momentos, cada vez que miraba hacia atrás y recordaba los sueños, las pruebas y los largos días de espera, se me llenaban los ojos de lágrimas, pero en agradecimiento al Señor por todas las cosas vividas.

Dos años de espera porque llegara este día y ahora estaba sentado en el avión que me llevaría al cumplimiento de mis sueños. ¡Dios es fiel!

"Señor, gracias por tu amor. Gracias por tu misericordia. Muchas gracias por restaurar mi vida y restituir mi llamado a la tierra que una vez me mostraste en tus faldas. Gracias Señor."

Señor, he venido a ti y nada ha sucedido

Danna, Javier y Mario Castillo el día que llegué a Guayaquil. La foto abajo, a la izquierda está Fercho quien es hermano gemelo con Javier.

La familia que el Señor me dio en Guayaquil, Ecuador para recibirme y ser parte de nuestra misión Amor A Puertas Abiertas

Señor, he venido a ti y nada ha sucedido

En la habitación del Hotel Indira Internacional el Señor me tenía esta sorpresa. Un cuadro de rosas que para mí es muy significativo.

Señor, he venido a ti y nada ha sucedido

Washington Soto Alvarez mejor conocido y su esposa Jeniffer Saltos, Dannita y Javier Castillo. En el vuelo a Guayaquil conocí a María Teresa Guzmán quien es ecuatoriana residente en Estados Unidos y ese día regresaba a su tierra de visita. Le compartí mi testimonio y le dije que compartiría esta foto cuando publicara el libro cosa que aceptó con agrado. Espero que algún día este libro llegue a sus manos y se lleve la sorpresa. Dios te bendiga María, fue un gusto haberte conocido.

Capítulo 28
REGRESO A SUR AMÉRICA

Era pasada la 1:00 de la mañana cuando finalmente salí de la aduana para encontrarme con Javier Castillo y su familia. Inmediatamente salí por la puerta escuché la voz del niño, *"hay viene, ese es él"*. A la distancia los vi y de inmediato los abrazos y los saludos como si nos conociéramos de mucho tiempo.

Un detalle que no sabía era, ¿dónde me iba a hospedar? En el camino saliendo del aeropuerto, Mario me comenta del Hotel Indira Internacional que está ubicado cerca del edificio donde ellos viven por lo que decidimos parar en el mismo ver si había habitaciones disponibles. Entrando por la puerta de la habitación 309, el Señor me tenía un hermoso detalle que me haría recordar la madrugada en el bar cuando me entregó la rosa.

Un cuadro de rosas adornaba la pared de mi habitación. Dos floreros; uno con doce rosas, el segundo estaba sin rosas y una rosa sobre la mesa. Inmediatamente vino a mi mente un pensamiento que creo fue inspirado por el Espíritu. Las doce rosas en un florero representando el ministerio de los doce apóstoles testigos llamados por Él. La rosa sobre la mesa junto al florero sin rosas representa mí llamado apostólico a Sur América.

Hoy en día hay creyentes que le han cogido fobia a la palabra apóstol que en realidad lo que significa en el original es *"delegado, embajador del evangelio, oficialmente comisionado de Cristo, enviado, mensajero"*.

Y eso para la gloria del Señor somos todos los que hemos sido llamados y escogidos por el Señor para ser testigos de Sus obras en nuestra vida. Luego en una iglesia y estando sentado en una cafetería volvería a recibir dos rosas como las de aquella madrugada. ¿Casualidad? Para mí no lo considero casualidad, sino como una manifestación del amor del Señor que utilizó para hacerme recordar o confirmar mi llamado. Son pequeños detalles, pero bien significativos para mi persona.

Durante este primer viaje de regreso tuve la oportunidad de predicar, conocer algunos pastores y explorar la ciudad en la cual el Señor me estaba dirigiendo para establecer nuestra sede ministerial. En la mañana los chicos me quisieron enseñar la ciudad y me llevaron a un parque conocido como El Malecón. Cuando llegué allí, cuál fue mi grata sorpresa al ver aquella imponente estructura que adornaba el centro del lugar, un monumento enorme en forma de un barco velero. Asombrado comencé a adorar y darle gracias al Señor por aquella experiencia cuando me llevó en revelación a Guayaquil. Era el velero que había visto en mi sueño.

Parque El Malecón

Señor, he venido a ti y nada ha sucedido

Javier Castillo fue el niño que el Señor me mostró en el sueño. Ciertamente el Señor tiene grandes propósitos juntamente con su familia en el llamado que nos ha hecho a Sur América. Del Señor es toda la gloria y la honra. Él sigue haciendo proezas y maravillas en nuestros días.

Señor, he venido a ti y nada ha sucedido

La primera noche de campaña luego de tantos años de espera fue una muy emocional para mí. Gracia Señor por tu amor y por tu misericordia fue el tema del mensaje, tal y como el Señor me ha mandado.

Señor, he venido a ti y nada ha sucedido

Gracias por tu amor y por tu misericordia

Señor, he venido a ti y nada ha sucedido

"El que a vosotros recibe, a mí me recibe; y el que me recibe a mí, recibe al que me envió". Mateo 10:40

Señor, he venido a ti y nada ha sucedido

Marilupe Riofrio, pastora de la familia de Javier que respaldó mi visita y nos abrió las puertas de su congregación. Los Pastores Nelson Zavala y su esposa Marcia Almeida nos abrieron las puertas de su casa. Muchas gracias y bendiciones para ustedes.

Señor, he venido a ti y nada ha sucedido

Visita a la finca de los abuelos de Javier y el hogar de a su mamá Mariuxi Petra Valero Zambrano y la pequeña Génesis.

Señor, he venido a ti y nada ha sucedido

Señor, he venido a ti y nada ha sucedido

Arriba, como sardinas en lata en un pequeño auto para ir a la finca a conocer a la mamá de Javier y sus abuelos.

Señor, he venido a ti y nada ha sucedido

Señor, he venido a ti y nada ha sucedido

Con los abuelos de Javier, Klever Voltaire Castillo Izquierdo y Francisca Diocelina Ramírez Soriano.

Señor, he venido a ti y nada ha sucedido

Aquí con la Pastora de Colombia Ivonne García a quien conocí en este primer viaje a Ecuador y con la cual establecimos relación para pronto ir a Cali y Palmira, Colombia a predicar.

Este mí primer viaje a Sur América luego de más de veinticinco años fue en mi opinión uno que el Señor me adelantó para gozo de mi alma. Fue un viaje en el cual el Señor me envió a explorar mi tierra prometida.

Porque así sucedió, debo de testificarlo en estas páginas. La noche del domingo 5 de agosto de 2012, ocho meses antes de mi salida a Ecuador hice esta oración de guerra en mi lugar secreto.

"Señor, tú que tienes el poder para controlar y acotar los tiempos y las edades, te pido no que atrases tu venida a la tierra, sino que adelantes la mía a Sur América".

Esa oración envuelta en una poderosa unción salió de mi boca una noche de guerra espiritual y concluí la misma pidiendo confirmación a este pedido especial.

En la madrugada soñé que le había destrozado la cabeza a una culebra a la que sujetaba con mis dos manos y levantaba en señal de mi victoria sobre ella. Desperté sintiendo en mi espíritu era la confirmación a la oración. Y escribí MI SALIDA A SUR AMÉRICA HA SIDO ADELANTADA POR EL SEÑOR. Ocho meses después estaba en mi tierra prometida.

¿Por qué entendí que ese viaje fue un adelanto a mi tiempo que ya había sido establecido por el Señor? Porque al regresar tuve que esperar otros dos años para regresar en el año 2015 con la encomienda del Señor para establecer la sede del ministerio Amor A Puertas Abiertas Misión Internacional.

En el Capítulo siguiente de esta nueva edición actualizada de nuestro libro ***Señor he venido a ti y nada ha sucedido*** le compartiré lo que para mí en mis tantos años de vivencias con mí amado Señor y Dios Jesucristo he tenido la bendición de vivir para compartirlo al mundo, sino que es mi más preciada perla de experiencia que guardo en el tesoro de mi corazón.

Señor, he venido a ti y nada ha sucedido

El Pastor Jiner Borja fue una de las personas que me dio una rosa en culto en su iglesia sin saber lo significativo para mí. Fue un culto donde se derramó el Espíritu Santo poderosamente.

Señor, he venido a ti y nada ha sucedido

Capítulo 29
EL AYUNO DEL SEÑOR

El miércoles 10 de julio de 2013 viví una gloriosa experiencia en la que recibí instrucciones claras y me mostraron las cosas que pronto estarían por suceder y luchas con demonios que debería enfrentar.

Recuerdo que esa noche caí en un profundo sueño en el cual me veo elevándome y a la distancia veía muchos ángeles en formación de una larga fila los cuales me miraban o estaban pendientes de lo que me estaba sucediendo en ese momento. Levantando mi mano derecha les hice una señal de saludo y en ese momento me di cuenta estaba agarrado por la espalda. De primera impresión pensé que era el Señor, pero inmediatamente sentí que era un demonio quién me agarraba y me llevaba hacia arriba hasta que entramos a una nube donde vi como un enjambre de miles de demonios.

En ese momento me soltó el que me agarraba por las espaldas y yo comencé a atravesar el enjambre de demonios. A unos podía golpearlos y vencerlos y a otros no podía. Sentía su fuerza impresionante. Trataba de golpearlos, pero mi puño no llegaba a ellos. Mientras esto sucedía, en mi espíritu recordaba la palabra del Señor cuando dijo que hay géneros que no salen, sino con ayuno y oración.

Luego tratando de volar utilizando mis brazos como alas, sentía que me impedían o trataban de impedirme que volara, hasta que finalmente pude salir de esa morada celestial de demonios.

Entonces me veo cuando junto a Yiye subimos una escalera y entramos a la plataforma de a un gran auditorio donde había miles de personas adorando al Señor. Cuando entramos y levantamos nuestras manos también adorando al Señor, comencé a llorar con gemidos indecibles de salían de mi interior. Algo que me llamó la atención es que me vi con el pelo lleno de canas y con más edad de la que tenía en ese momento. Hoy en mis 60 puedo entender claramente es ahora mi tiempo.

Luego en la misma revelación, veo cuando llego solo a una hermosa terraza con columnas. El cielo se veía hermoso con unos colores que jamás había visto en el cielo así. Fijando mi mirada a una grande nube espesa, comencé a escuchar truenos y relámpagos que salían de ella. Eran truenos poderosos que al escucharlos me hicieron caer postrado de rodillas y levantando mis manos, comencé A adorar al que estaba sentado en medio del trono, al cual no podía ver, pero en mí espíritu sabía que había un trono en el centro y al Señor Dios Todopoderoso sentado en el.

Mientras todo esto sucedía, también escuchaba la voz de millares de voces en leguas que no entendía, pero comprendía en mí espíritu que eran alabanzas de ángeles y almas salvadas adorando al que estaba sentado en medio del trono. Enfatizo sentado en medio del trono porque así lo sentía en mi espíritu.

Entonces de repente, escuché del medio de los truenos y de la nube espesa, la voz del que estaba sentado en el trono, una voz suave y delicada como un silbido apacible que me dice estas palabras:

"Ahora ayunarás dos días a la semana y de todo lo que te daré me separarás el diezmo".

Escuchando estas poderosas palabras, por el Espíritu me recordaba cuando unas noches de oración quebrantada por las necesidades económicas le pregunté a Dios ¿por qué no me hacía rico para no depender de los fondos del gobierno ni de estar pidiendo ayudas para costear los gastos de Amor A Puertas Abiertas? Recuerdo le dije en esa oración; ¡Tú conoces mi corazón! Y sabes que cubriría todos los gastos con mi tarjeta ATH. Señor, ¿por qué no me haces rico?

Para que usted pueda comprender el porqué de esa petición tengo que decirle que luego de 10 años de servicio a la población de personas sin hogar donde llegamos a tener tres facilidades de albergue, una oficina de servicios incluyendo la finca Campamento AAPA, nos vimos obligados a cerrar cuando en el 2008 cayó la economía mundial. En ese tiempo, dependíamos de fondos del gobierno y empresas privadas que logramos por medio de propuestas. El último desembolso de más de $30,000 mil dólares para cubrir gastos operacionales nunca llegaron y por más que luchamos para continuar brindando los servicios, se hizo imposible y tuvimos que cerrar operaciones.

Podrá ahora tener una idea porque oré con un gran nudo en mi garganta preguntando al Señor ¿por qué no me hacía rico? Todo lo que habíamos pasado para haber logrado esas victorias y ahora estaba cerrado. ¿Cómo comenzar de nuevo desde cero? Luego de varios días o semanas de dolor y llanto el Señor me hizo entender que eso fue un tiempo de preparación para lo que estaría realizando nuevamente pero ahora en otro nivel y en la tierra a la que me envió, SUR AMÉRICA.

Sintiendo en mí espíritu que esa petición había llegado a Su Presencia y que de alguna manera especial la estaría cumpliendo, desperté maravillado por la experiencia y en gran manera rebosando la llenura del Espíritu Santo la copa de mi alma. Inmediatamente comencé a ayunar como bien claro me fue ordenado desde el trono; 2 días a la semana. ¡Cuán maravilloso es el Señor! Alabado sea Su Nombre por siempre.
¿Por qué 2 días? En cierto momento el Espíritu Santo me hizo ver algo que estaba sucediendo en mi vida desde hacía tiempo en distintos sueños que había tenido de parte del Señor. Siempre me el número 2 se veía manifestado en sucesos de distintas maneras. Por ejemplo, soñaba 2 sueños una misma noche y en los sueños se manifestaba el 2 de distintas maneras.

Señor, he venido a ti y nada ha sucedido

No voy a contar todas las veces que esto me sucedió, porque lo estaría cansando con mis sueños. La razón del asunto, el Espíritu Santo me lo hizo comprender en la historia de José cuando le interpreta el sueño al Faraón.

"Y el suceder el sueño a Faraón dos veces, <u>significa que la cosa es firme de parte de Dios, y que Dios se apresura a hacerla</u>". Génesis 41:32

Desde que el Señor me hizo comprender esta verdad, ahora lo he podido ver manifestado en mis sueños por lo que cada sueño que Él me ha dado con este distintivo lo recibo con gozo entendiendo a la vez su veracidad para esperar sin dudas el fiel cumplimiento.

Es el Sello Oficial de Su Decreto. Como también muchas veces en Su palabra podemos leer su doble afirmación *"de cierto de cierto os digo..."* Dos veces diciendo de cierto de cierto te digo, dándole mayor veracidad a sus palabras. Y creo que no es una coincidencia que lo hizo la vez que nos hizo esta promesa:

"De cierto, de cierto os digo, que todo cuanto pidiereis al Padre en mi nombre, os lo dará. Hasta ahora nada habéis pedido en mí nombre; pedid, y recibiréis, para que vuestro gozo sea cumplido". Juan 16:23-24

Es esa poderosa promesa del Señor la responsable de todas mis experiencias que han sido de gran gozo a mi alma.

Entonces 2 días de ayuno para mí estaba más que claro el asunto, aparte de saber que mi lucha espiritual con demonios y huestes espirituales de maldad en las regiones celestes tendría que enfrentarlos, me emocionaba más saber que el asunto sobre mi llamado a Sur América *es firme de parte de Dios, y que Dios se apresura a hacerla.*
Cuando llegué al día 36 del ayuno, en un momento de intensa oración le pedí al Padre que me permitiera tener una experiencia en persona con Jesús, tal y como Yiye la había tenido cuando fue

llamado a predicar. Esta experiencia Yiye muchas veces cuando teníamos reunión del Escuadrón con él la testificaba y era una bendición escucharla o imaginarla le sucediera a uno. Sentir al Señor entrar a la habitación y hablar en persona con Él y tocarlo, debe de ser una experiencia extremadamente maravillosa que imagino es el deseo de todos los que lo amamos como nuestro Salvador.

Por alguna razón que luego entendí fue propósito del Señor para glorificar Su nombre, el Espíritu Santo me inspiró hacer esa petición como una confirmación más de mi llamado a Sur América y al Ministerio Cristo Viene, del cual había sido expulsado y aún no restituido. Digo esto, para testimonio porque es algo que el Señor muchas veces me mostró, que me restituiría al ministerio al que una vez me llamó, no porque yo quiera, sino porque el llamamiento de Dios y los dones son irrevocables según lo establece Él en Su palabra.

Cuando esa petición hice, el Espíritu Santo me hizo intensificar a otro nivel la oración ahora en gemidos indecibles. Mientras gemía, el Espíritu me recordó un sueño que había tenido hacía muchos años atrás relacionada a esta petición que acababa de hacer. Como acostumbro a escribir todos los sueños que he tenido departe de Dios, fui a la libreta para buscarlo y confirmar lo que el Espíritu me había recordado.

El 21 de septiembre de 2011 tuve un sueño donde me vi que estaba en el salón de oración del Ministerio orando con Yiye y le decía; *"Yiye, Dios me habló en sueños mostrándome a tú persona señalándome para ir a Venezuela para realizar una Campaña. Yiye, el Señor entró en mi habitación como lo había hecho contigo cuando te llamó a predicar."* En el sueño, cuando él escuchó esto, agarró mi mano y ambos nos pusimos de rodilla y comenzamos a adorar al Señor. En ese momento desperté gimiendo, sintiendo el Espíritu Santo dando testimonio a mi espíritu.

Señor, he venido a ti y nada ha sucedido

Cuando el Espíritu Santo me recordó ese sueño, en lo profundo de mi ser sentí que eso sucedería en el día 40 del ayuno. En el escrito donde narraba ese sueño escribí una nota que lee:

"Nuevamente Dios me confirma Venezuela y espero una visitación del Señor como confirmación".

En ese momento mi oración ahora era en gritos y gemidos tan intensos que hicieron que mi hija Soraima saliera de su casa corriendo hacia Mary asustada pensando que algo malo me había sucedido. *"Mami, ¿qué le pasa a papi?"* La escuché preguntar, pues Mary estaba parada fuera de la habitación donde cerrada la puerta acostumbro a orar al que ve y escucha en lo secreto de nuestra habitación. Ella también estaba preocupada pensando que estaría pasando en mi vida que me hizo gritar de esa manera.

Bajadas las revoluciones del Espíritu salí fuera con mis ojos rojizos y los hice pasar a la habitación. Estaban mis dos hijas, mi yerno Otoniel y Mary. Les dije para testimonio, para que fueran mis testigos de lo que me había sucedido mientras oraba y lo que esperaba me estaría sucediendo en el día 40 del ayuno.

"Mientras oraba, le pedí a Dios que me diera una experiencia con el Señor tal y como se la había dado a Yiye cuando lo llamó a predicar como una confirmación de mi llamado a Sur América y al Ministerio Cristo Viene y el Espíritu Santo me recordó un sueño donde yo escribí nuevamente Dios me confirma Venezuela y <u>espero una visitación del Señor</u> como confirmación. Si esto fue de Dios, en el día 40 de este ayuno se cumplirá esta palabra".

Les dije; en mí espíritu durante la intercesión sentí que sería en el día 40 del ayuno. Estaba en el día 36 por lo que decidí hacer los restantes 4 días de manera corrida para completar los 40 días del ayuno del Señor que me fue dirigido hacer. La noche 39 del ayuno me acosté con una gran expectativa. Recordaba cómo había sido la que vivió Yiye. Pensaba si de igual manera entraría a mi habitación y me levantaría de la cama. Pensando en cómo sería mi visitación finalmente me quedé dormido.

Ninguna de las ideas que habían pasado por mi mente sucedieron. Desperté temprano. Eran como las 4:00 de la mañana y sin haber recibido la visitación esperada. Esa noche tampoco tuve sueño alguno, revelación ni visión alguna. Me levanté un tanto decepcionado y me encerré en la habitación donde pasaría el día 40 del ayuno en oración y leyendo las Escrituras.

Me senté en la silla decepcionado frente al escritorio y dije estas palabras: *"Señor, te esperaba que vinieras a mí hoy, creí que había sido una experiencia real, pero nada, si no viniste hoy, otro día será",*

Oré un rato, leí la palabra y me recosté en la cama nuevamente. Meditando en los acontecimientos previos que me había hecho pensar lo que esperaba, de momento, sentí cuando un demonio se me tiró encima en la cama y comencé a luchar contra él reprendiendo y tratando de levantarme de la cama, no podía por la fuerza que hacía sobre mí. Tuve esta lucha por algún corto momento hasta que pude levantarme de la cama y comencé a orar reprendiendo.

Pasado el periodo de oración de guerra, sintiendo cansancio me tiré en la cama de cara frente a la pared para descansar de la recién batalla librada. El ambiente en la habitación era en una oscuridad tenue pues eran casi las 6:00 de la mañana. Estando despierto en la cama y confieso que medio atemorizado o impresionado por la fuerza demoniaca que experimenté, siento cuando una persona entra a la habitación y se para detrás de mi persona junto a la cama e inmediatamente metiendo sus manos por debajo de mis brazos me levanta de la cama. Asustado no por mucho tiempo, escuché Su voz cuando me dijo: *"NO TEMAS".*

Al escuchar su voz supe que era JESÚS en persona y maravillado comencé a tocarlo apretando sus brazos una y otra vez y solo diciendo: *"JESÚS, ERES TÚ, JESÚS ERES TÚ, JESÚS ERES TÚ..."*

Envuelto en Sus brazos sentía el puro y sin medidas amor que Dios siente por toda la humanidad. Era un amor que a la vez que sentía cuanto Él me ama, a la misma vez y al mismo nivel, si fuera posible medirlo. Es el mismo amor que Dios tiene para con todos. De alguna manera que no tengo explicación sentía un amor equitativo que Él siente por todos.

Dios no me ama a mí más que a ti. Entiende eso claramente. Dios nos ama en una misma medida. Es como mejor puedo expresar el amor que pude experimentar al sentir su abrazo. No importa que usted sea más santo o puro que yo, Dios nos ama de igual manera.

En esta misma experiencia el Señor me sacó de la habitación y me llevó a un lugar en el Medio Oriente donde me mostró el grupo terrorista ISIS entrando en un túnel. Recuerdo cuando entramos flotando detrás de varios de ellos los cuales iban armados y con sus rostros cubiertos y sentí miedo por lo cerca que estuvimos de ellos, JESÚS me dijo: *"NO TEMAS, NO PUEDEN VERTE"*.

Salimos del túnel volando suavemente en el aire, sintiendo Su amor y paz que sobrepasa todo entendimiento, seguía apretando sus brazos, sintiendo Su cuerpo de carne y huesos. Asombrado en gran manera, de repente levanté mi rostro por encima de mi hombro izquierdo para poder ver su rostro cuando en ese preciso momento Él se echó hacia el frente para mirarme de frente y ambos quedamos mirándonos cara a cara, el uno al otro. En ese momento quedé mudo y con la boca abierta asombrado.

Sin palabras lo contemplé por quizás 2,3,4,5 segundos que serían la experiencia más grande de mi vida experimentada como cristiano. Él a su vez me miró contemplando el asombro de mi rostro al verlo. Estando así perplejo mirando su rostro me dio un beso en la mejilla izquierda. Sentir su beso fue el final de la experiencia. Una confirmación más sobre mí llamado quedó marcada en mí espíritu para ahora ir a Sur América en busca de sus hijos descarriados.

En ese momento, si en el cuerpo o fuera del cuerpo, puedo decir como el apóstol Pablo, conozco a un hombre que fue arrebatado. Si fue un éxtasis, una visión o experiencia fue de mi cuerpo, al regresar a mi cama salí corriendo por toda la casa riéndome, llorando, gritando, alabando a Dios. Era un cruce de emociones todas corriendo por mi ser. Llegué a la habitación donde estaba Mary durmiendo aún y con mis gritos y brincando al lado de su cama la desperté. Sobresaltada con la mano en el corazón me dijo:

"Toño, ¿qué sucedió?" "Mary, el Señor me visitó, vi al Señor, JESÚS vino a mí y lo vi, y lo toqué, lo apreté, sentí su cuerpo de carne y huesos..." Y le conté toda mi experiencia personal con Jesucristo, nuestro amado Salvador y Redentor, el Hijo del Dios Viviente.

Tal y como el Señor me lo había anunciado en sueño **el miércoles 21 de septiembre de 2011** se cumplió **el martes 19 de noviembre de 2013** y como cuestión de hechos, **2** años después.

La experiencia que considero la más maravillosa e importante de mi vida, no solo porque pude tocarlo, ver su rostro, sentir su beso lleno de amor a un nivel que jamás he sentido, sino porque esta vivencia con el Hijo del Dios vivo me constituye en un testigo para mí generación de la resurrección al tercer día conforme a las Escrituras. Jesucristo resucitó de entre los muertos y vive y reina por la eternidad. Amén.

Señor, he venido a ti y nada ha sucedido

Amor a Puertas Abiertas

"Ciertamente no me conviene gloriarme; pero vendré a las visiones y a las revelaciones del Señor. Conozco a un hombre en Cristo, que hace catorce años (si en el cuerpo, no lo sé; si fuera del cuerpo, no lo sé; dios lo sabe) fue arrebatado hasta el tercer cielo. Y conozco al tal hombre (si en el cuerpo, o fuera del cuerpo, no lo sé; Dios lo sabe), que fue arrebatado al paraíso, donde oyó palabras inefables que no le es dado al hombre expresar. De tal hombre me gloriaré; pero de mí mismo en nada me gloriaré, sino en mis debilidades". 2 Corintios 12:1-5

Señor, he venido a ti y nada ha sucedido

El martes 19 de noviembre de 2013 fui visitado por el Señor, Su rostro quedó tatuado en mi mente. Por Su gracia, amor y misericordia he sido llamado y enviado a Sur América para que te lleve este mensaje: *"**JESÚS** te sigue amando no importa lo grave de tú pecado. No te juzgues más. Él no te condena. No temas en regresar a Él"*.

Señor, he venido a ti y nada ha sucedido

Estoy convencido que tantos sueños y experiencias con el Señor han sido en mi vida como una continua respuesta de aquella simple oración envuelta en lágrimas que hice en la presencia de Dios debajo del árbol de pino; Señor, he venido a ti y nada ha sucedido.

Pero más que esa razón que muy bien sería para mi vida personal, creo firmemente ha sido por causa de tantos hijos de Dios que están hoy sumergidos en la depresión que ocasiona el haber caído de la gracia del Señor. Si es usted uno de estos, quiero que sepas que no ha sido una casualidad que este libro esté sus manos. No te aflijas más, levántate nuevamente. Jesús te sigue amando no importando lo que sucedió que te hizo caer. Tú sabes lo que tienes que hacer. Regresa a casa, vuelve a sus brazos.

Si abandonaste tu familia, regresa. Pide perdón a quienes pudiste haber ofendido. Humíllate delante de Dios en secreto y deja que Su Espíritu Santo te guie nuevamente.

No será fácil porque el enemigo tratará de hacerte creer que no podrás lograrlo. Te garantizo que lo lograrás en el nombre de Jesús en el cual tenemos todo el poder para hacer lo imposible posible.

Entra en tú lugar secreto y comienza a orar delante de Su presencia. Deja que sea tú corazón el que hable lloro y lamento y verás como comenzarán a suceder visitaciones de Dios exclusivas y reservadas para ti.

Capítulo 30
SEÑOR, TÚ LO SABES TODO; TÚ SABES QUE TE AMO. JUAN 21:17

¿Por qué caemos? Ha sido una pregunta que por muchos años me hacía. ¿Cómo es posible que haya caído así luego de haber vivido tantas experiencias personales con el Señor desde que hice aquella oración? Si usted, luego de haber leído mi historia también se hizo esa pregunta, permítame también preguntarle.

¿Cómo es posible que Pedro, luego de haber caminado por encima de las aguas, haber visto muertos resucitar, fue uno de los doce, escogido por el Señor para subir al monte de la transfiguración para ser testigo cuando de la nube que los cubrió, viendo a Jesús resplandecer en Su gloria y escuchar la voz audible del Padre dando testimonio en medio de Elías y Moisés que se aparecieron de la nada, luego de todas esas vivencias, maldecir negando que lo conocía?

Y que tal el Rey David; hombre de guerra de quien Dios dijo era conforme a Su corazón, Y todos sabemos la tragedia del adulterio y el crimen que organizó para encubrir su pecado. Sin embargo, la Escritura dice que Dios lo perdonó y reinará en su trono en Jerusalén durante el Milenio y por toda la eternidad.

Claro que tuvieron sus consecuencias por causa de su pecado y rebelión, como también yo las tuve y todo el que lo haga sufrirá como consecuencia de su error, pero sus vidas y llamados fueron preservados. La corrección de Dios como buen Padre se hará sentir hasta llevarnos a la perfección que cada cual puede lograr en su vida. A cada uno de nosotros, conforme a nuestra capacidad se nos fueron entregados talentos para que negociemos y alcancemos frutos para el Reino de nuestro Dios. Así como como por la capacidad de cada uno nos fue dada, así también será el nivel de perfección que se demandará para estar pleno en Su gracia. Sobre el tema de la perfección hay mucha tela que cortar. Muchos cristianos e inconversos cuando se les pregunta si uno puede ser perfecto, la mayoría de las respuestas que recibo es que no. Entonces pregunto, ¿por qué Dios le dijo a Abraham? *"Yo soy el Dios Todopoderoso; anda delante de mí y sé perfecto". Génesis 17:1* Y Jesús lo repite diciendo: *"Sed, pues, vosotros perfectos, como vuestro Padre que está en los cielos es perfecto". Mateo 5:48*

La palabra "perfecto" según el Diccionario Ilustrado de la Biblia (Caribe) lo describe como: **Término bíblico que significa "completo", "cabal", "maduro", o "que ha alcanzado su máximo desarrollo", "que llena su propósito". No se refiere a una perfección totalmente exenta de pecado, ni a un desarrollo talque no puedan crecer más, sino a madurez espiritual.**

Entonces, conociendo el verdadero significado de lo que significa perfecto debemos de concluir que sí, se puede alcanzar la perfección. Y como cuestión de hecho, así claramente el apóstol Pablo cuando escribió en su carta Filipenses 3:13-15.

"Hermanos, yo mismo no pretendo haberlo ya alcanzado; pero una cosa hago: olvidando ciertamente lo que queda atrás, y extendiéndome a los que está delante, prosigo a la meta, al premio del supremo llamamiento de Dios en Cristo Jesús. Así que, todos los que somos perfectos, esto mismo sintamos; y si otra cosa sentís, esto también os lo revelará Dios".

Esa perfección será el mismo Dios quien la hará florecer en cada una de nuestras almas hasta que todos lleguemos a la estatura del Hijo de Dios, la cual será alcanzada el día de la transformación de nuestros cuerpos mortales por uno inmortal semejante al de nuestro Salvador y Redentor Jesucristo.

Señor, he venido a ti y nada ha sucedido

"Y Él mismo constituyó a unos, apóstoles; a otros, profetas; a otros, evangelistas; a otros, pastores y maestros, a fin de perfeccionar a los santos para la obra del ministerio, para la edificación del cuerpo de Cristo, hasta que todos lleguemos a la unidad de la fe y del conocimiento del Hijo de Dios, a un varón perfecto, a la medida de la estatura de la plenitud de Cristo."

Pedro es quizás el mejor ejemplo de lo que es ser perfeccionado. En el inicio de su apostolado ninguna de las poderosas experiencias de las cuales fue testigo evitaron que negara a su Señor. Luego lo podemos ver el día que descendió el Espíritu Santo levantarse y alzar su voz proclamando su primer discurso público con autoridad frente a los que arrestaron y mataron a Jesús (Hechos 2:14-42).

No es justificación para pecar lo que quiero que comprenda, sino la realidad. Si usted al igual que yo y tantos que fueron antes de nosotros, sufrió una o muchas caídas en su vida como cristiano, desprenda la mentira de su mente que ya Dios no lo ama y los planes que Él le reveló en sus inicios que haría con su vida están cancelados. De ninguna manera. Por el contrario, ahora usted, por más terrible que haya sido su pecado, en las manos de nuestro Dios Restaurador serás de bendición y finalizarás la misión que se te ha comisionado realizar en esta vida en favor de la humanidad. No crea más a las mentiras del diablo.

"Más el Dios de toda gracia, que nos llamó a su gloria eterna en Jesucristo, después que hayáis padecido un poco de tiempo, Él mismo os perfeccione, afirme, fortalezca y establezca".
1 Pedro 5:10

Hoy, en mis 60 años cuando miro aquél joven que el Señor llamó para que fuera testigo del avivamiento que Dios trajo al mundo especialmente Sur y Centro América por medio de su siervo el evangelista Yiye Ávila, aunque somos la misma persona, hago mía la expresión del apóstol Pablo en su carta a los filipenses:

Señor, he venido a ti y nada ha sucedido

"Hermanos, yo mismo no pretendo haberlo ya alcanzado; pero una cosa hago: olvidando ciertamente lo que queda atrás, y extendiéndome a los que está delante, prosigo a la meta, al premio del supremo llamamiento de Dios en Cristo Jesús. Así que, todos los que somos perfectos, esto mismo sintamos; y si otra cosa sentís, esto también os lo revelará Dios".
Filipenses 3:13-15

"Porque irrevocables son los dones y el llamamiento de Dios." Romanos 11:29

De esta promesa puedo dar fe ha sido una realidad en mi vida. Si ha leído hasta aquí, se habrá podido dar cuenta que mis mejores experiencias has sucedido precisamente luego de mi restauración.

En el próximo capítulo compartiré sueños que actualmente estamos viviendo su cumplimiento de la irrevocable comisión que recibí del Anciano de cabellos blancos cuando en sus faldas me señaló Sur América diciendo: *"Mi siervo, por aquí tienes que ir a testificar lo que hice en tú vida".*

Capítulo 31
DIRIGIENDO LA OBRA DE DIOS EN LAS NACIONES

Cuando iniciamos el ministerio Amor A Puertas Abiertas el Señor me dio un sueño que luego de 20 años estamos por ver su cumplimiento. Era el verano del año 2000 y estábamos hospedados en el hogar de mi cuñado Gregory en Orlando, Florida. Durante el día disfrutamos de los parques de diversión donde hacer fila para las atracciones son la orden del día.

En la noche cuando llegó la hora de descansar salí soñando que estaba haciendo una de las filas que había hecho durante el día. En ese momento veo a una persona con vestiduras largas y cabellos que llegaban a sus hombros que mirándonos dice: *"Veo a uno en la fila que dirige la obra de Dios en las Naciones y al quinto día una nube blanca desciende y se lo lleva".*

Y desperté sintiendo la presencia del Espíritu Santo dándome testimonio de la revelación. Ese sueño fue uno de tantos otros que había tenido los cuales me llevaron aquella noche especial colocar las dos sillas para preguntar al Señor si mi llamado a Sur América seguía en pie delante de Él.

Dirigir la obra de Dios en las Naciones y por supuesto mi mente en enfocó exclusivamente en Sur América. Luego de transcurrido 20 años de ese sueño hoy el Señor nos ha puesto en una posición en la cual la estaremos cumpliendo a cabalidad en los próximos años por delante.

Sobre esto quiero también compartir aquí en esta edición del libro antes que suceda otro sueño en el cual Dios me mostró unas propiedades en Venezuela. En el sueño llegaba a Venezuela a una comunidad que no tengo idea en este momento donde será, creo que cuando llegue el momento el Señor me llevará al lugar. Cuando me veo acercándome a una joven muchos niños me recibieron alegres dándome la bienvenida. Uno de ellos me brincó por la espalda quedándose encima como a caballo. Entonces le pregunto a la joven; *¿Cuáles son las propiedades de Amor A Puertas Abiertas?* Y ella me señaló con su mano una calle donde pude ver varias casas. No sabía a cuantas de esas casas eran nuestras o si todas, pero lo cierto es que no tengo dudas que el Señor me mostró propiedades que cuando llegue el tiempo de Dios nos permitirá tenerlas en Venezuela donde trabajaremos con los niños.

Desperté impresionado por lo real del sueño. Las revelaciones de Dios son maravillosas. Esto es una de varias experiencias que el Señor me ha permitido tener las cuales se alinean con la revelación de dirigir la obra de Dios en las Naciones.

En otra ocasión, luego de nuestro primer viaje de regreso a Sur América oraba pidiendo dirección al Señor para el segundo donde ahora estaríamos estableciendo la sede de Amor A Puertas Abiertas Misión Sur América en Guayaquil, Ecuador.

El sábado 21 de febrero de 2015 soñé que llegaba a una propiedad que había sido abandonado en la cual iba a establecer un albergue para niños. Explorando varias habitaciones del lugar llegué a la cocina y me percato que en el piso había una bebita durmiendo sobre un cartón que le servía como cama. La bebita estaba sola y dormida. Al verla la desperté con un suave sonido de silbido a lo que ella respondió abriendo sus ojitos. Inmediatamente al levantarla del piso la bebita me preguntó: *¿Dónde está mi mamá?*

En ese momento el Espíritu de Dios descendió sobre mí comencé a adorar al Señor y hablar en lenguas caminando hacia un gran salón que estaba en la misma propiedad donde también pude ver a Mario, Javier, Fernando, Danna y Génesis y otros hermanos que me recibieron en mi primer viaje a Ecuador.

Como en tantas otras ocasiones desperté sintiendo la presencia del Espíritu Santo dando testimonio a mí espíritu de la veracidad de la revelación.

El mes de septiembre de ese mismo año cuando llegué en mi segundo viaje a Guayaquil tenía la inquietud de buscar una propiedad para la venta que tuviera un salón como el que vi en el sueño. Buscando en el internet mirando fotos de propiedades me llamó la atención una Villa Comercial la cual indicaba tener 3 niveles, varias habitaciones con sus baños, una oficina y lo que llamó mucho mi atención, 2 salones.

Inmediatamente le indiqué a Mario para que hiciera una cita para conocer sus dueños, ver la propiedad y los términos de la venta. Ya con la Representante de Venta frente a los portones de la propiedad para presentarnos a los dueños sucedió algo que ninguno esperábamos y que nos tomó a todos por sorpresa. Al abrirse el portón de la propiedad y estrechar mi mano en saludo a la dueña de la propiedad, el Espíritu Santo cayó sobre ella y comenzó a hablar en lenguas. La presencia del Señor se derramó sobre todos y obviamente todos comenzamos a adorar a Dios.

Varios minutos de esta introducción nos presentamos y compartimos nuestro propósito y llamado a Sur América lo cual el Señor se encargó de confirmar. De más está decir que esta fue la propiedad que el Señor a escogido para establecer la sede de Amor A Puertas Abiertas Misión Sur América desde donde estaremos dirigiendo la Obra que Dios nos ha comisionado realizar para la gloria y honra del Nombre que es sobre todo nombre al cual toda rodilla se doblará y confesará que JESUCRISTO ES EL SEÑOR. Amén.

Señor, he venido a ti y nada ha sucedido

Lugar donde el Señor nos dirigió para establecer en la ciudad de Guayaquil, Ecuador Su Sede Amor A Puertas Abiertas Misión SA

Señor, he venido a ti y nada ha sucedido

A esta propiedad el Señor nos dirigió para que tomemos posesión de ella para establecer nuestra sede ministerial. En la misma han estado 2 iglesias establecidas. Tiene 2 amplios salones, 8 habitaciones y 1 oficina comercial.

Señor, he venido a ti y nada ha sucedido

Señor, he venido a ti y nada ha sucedido

Con la Dra. Mónica y su esposo, dueños de la propiedad y la Sra. Rocío, agente de bienes raíces a cargo de la venta. Arriba con el Pastor Mario Castillo, nuestro representante en Ecuador.

Capítulo 32
AL QUINTO DÍA UNA NUBE BLANCA DESCIENDE Y SE LO LLEVA

Cuando desperté luego de escuchar esas palabras entendí 2 cosas importantes para mí vida en este sueño. Primero, se me han concedidos 5 días en la Agenda de Dios para que culmine la Misión que me asignó de ir por toda Sur América a testificar de Su amor, misericordias y tantas experiencias maravillosas que ha hecho en nuestra vida.

La razón es obvia. Él te ama y quiere que seas parte de Su Reino que por la Eternidad es y será establecido aquí en este nuestro Planeta Tierra. Lo que viene es inmensamente grande e inimaginable. Le digo lo que mi mentor solía predicar en sus campañas; *"No permita que un diablito derrotado le robe la vida eterna que es en Cristo Jesús"*.

Segundo; luego del cumplimiento de esos 5 días los cuales son 5 TIEMPOS en el reloj de Dios que solo Él conoce cuántos días realmente serán el tiempo que me ha concedido para que cumpla mi asignación de predicar Su Reino en estas Naciones, para que luego venga el fin de la dispensación de la gracia sobre la humanidad y los juicios que están establecidos en Apocalipsis tengan cumplimiento.

Está más que claro conforme a la profecía el fin vendría cuando el Evangelio del Reino fuera predicado en todas las Naciones y Sur América es mi asignación que de seguro se estará cumpliendo paralelamente con otros siervos que también fueron llamados y enviados a las demás. Dios está en control.

Señor, he venido a ti y nada ha sucedido

Mi vida está en Sus manos y Él puede disponer de la misma cuando si así lo desee, pero mi expectativa conforme a lo que me ha sido revelado es ser uno de tantos millones de salvados que serán arrebatados en las nubes al sonar de la trompeta para recibir al Señor en el aire. Es mi oración a Dios que me sorprenda ese día estando en alguna Plaza Pública de Sur América testificando de Su amor y misericordia.

El día ni la hora ciertamente que Cristo arrebate a Su Iglesia nadie lo sabe, pero las señales que en estos tiempos estamos viviendo nos permite percibir lo cercano cada que estamos de ese día. Como cuestión de hechos, mientras hoy martes 15 de septiembre de 2020 que estoy escribiendo el Capítulo final de este libro estoy mirando en la TV en la Casa Blanca el presidente de los Estados Unidos Donald J. Trump está realizando la Ceremonia de firma del **"Tratado de Paz Acuerdos de Abraham"** entre Israel, Emiratos Árabes Unidos y Bahréin.

Cuando recibí esta revelación le confieso que me hizo pensar que al momento de compartirla me estaría exponiendo para que me tildaran de falso profeta, por lo que me fue dicho: *"...y al 5to día una nube blanca desciende y se lo lleva"* debido a que pareciera ser 5 días literales que obviamente sería fácil ver la contradicción al citar la Escritura donde el mismo Jesús establece que ni aún los ángeles del cielo conocen ni el día ni la hora.

Por eso, inmediatamente entendí que los 5 días significan 5 "tiempos" que Dios me ha concedido que solo Él conoce cuando inician y finalizarán. Entonces el Espíritu Santo me recordó algo interesante que ocurrió cuando Elías fue arrebatado al cielo en un carro de fuego. *"Y los discípulos de los que se hallaban en Jericó se acercaron a Eliseo, y le dijeron: ¿Sabes tú que hoy tomará Yahweh a tu señor por encima de tu cabeza? Y él contestó; YO TAMBIÉN LO SE; GUARDEN SILENCIO".* 2 Reyes 2:5 (versión Peshitta)

Señor, he venido a ti y nada ha sucedido

Interesante contraste; Dios había revelado a los profetas específicamente el día que se llevaría a Elías. Por lo que no es descabellado pensar que mi sueño sea antibíblico.

Por el contrario, humildemente lo veo como una manera sublime de Él glorificar Su Nombre sellando así el capítulo final de mi vida en la tierra luego de haber orado, "Señor he venido a ti y nada ha sucedido". ¿De qué otra manera más gloriosa que mostrarme Su grande amor y misericordia con esta manifestación?

Desde que comencé a escribir este libro pensaba en su capítulo final. Creía que una vez que retornara a las campañas en Sur América sería el final perfecto. Sin embargo, no será este el final. Más bien, llegado el tiempo en el que Dios ha activado el inicio del primer día de mi llamado a dirigir Su Obra en las Naciones, el cumplimiento del quinto día será el Capítulo final de este Su libro la historia de mí vida.

Gracias Papito Dios por haber respondido a mí oración de la manera más hermosa que lo hizo y continúa haciendo cuando a Él en mi angustia clamé: SEÑOR he venido a ti y nada ha sucedido.

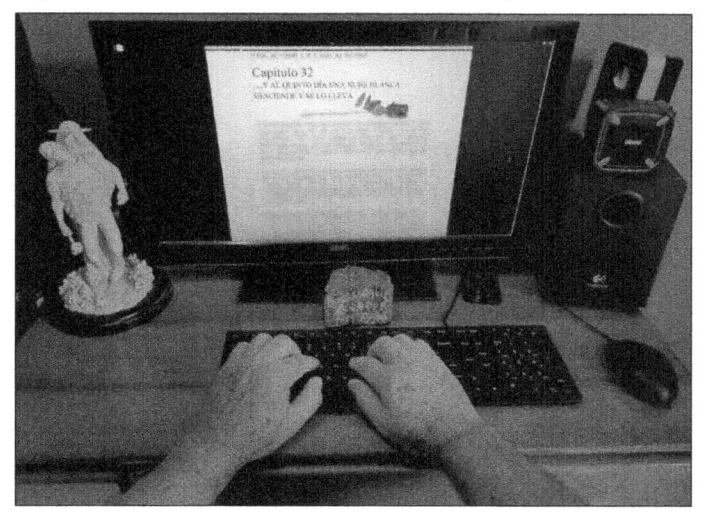

¡Gracias Señor por las rosas en mi camino!

253

Capítulo 33
Honrando a nuestros mentores

Dedico con amor este libro a mis mentores Yiye y Yeya; reconociendo la obra en el Señor de la cual fue para mí una bendición y gran honor haber sido parte de ella.

En memoria de mi mentor,
José Joaquín Ávila Portalatín
"Evangelista Yiye Ávila"
1925-2013
Y su amada esposa
Carmen Delia Talavera Vda. de Ávila
Hna. Yeya

Luego de mi conversión la vida de Yiye Ávila fue una inspiración para mí. Leer sus libros donde relataba sus vivencias con el Señor y escuchar los mensajes saturados de la unción del Espíritu Santo, fueron mi leche y mis viandas de alimento espiritual que me ayudaron en mi formación. En aquellos días me había convertido en uno más de los miles fieles oyentes de sus Programas Radiales sin saber que al poco tiempo de mi conversión, sería llamado por el Señor a formar parte de su Escuadrón de hermanos miembros del Ministerio que voluntariamente trabajaban con él.

Haber tenido la bendición de convivir bajo el mismo techo durante los días de alguna Campaña que por lo general duraban casi dos meses, me dieron la oportunidad de conocer a Yiye en un nivel más personal. Fueron esos momentos los que siempre recordaré con gran emoción y agradecimiento a nuestro buen Dios quien me llamó al Ministerio Cristo Viene.

El Apóstol Pablo en una ocasión hizo referencia con orgullo de que había sido instruido a los pies de Gamaliel quien fuera una figura prominente en sus días; yo y creo que también todos mis compañeros del Ministerio Cristo Viene que al igual fueron llamados por el Señor, compartimos el mismo sentir de orgullo y privilegio de haber tenido la bendición de ser instruidos por este humilde siervo al cual el Señor escogió para usarlo como punta de lanza en las Naciones. ¡A Dios sea toda la gloria y nuestra la bendición!

HE PELEADO LA BUENA BATALLA,
HE ACABADO LA CARRERA,
HE GUARDADO LA FE.
II TIMOTEO 4:7

YIYE ÁVILA
1925-2013

Señor, he venido a ti y nada ha sucedido

Sueño con Yiye 7 junio de 2010

En el sueño vi a un grupo pequeño de los hermanos del ministerio Cristo Viene que se estaban despidiendo de Yiye. Él tenía sus cabellos blancos como la nieve. Lo abracé y le dije: *"Gracias por la oportunidad que me distes"*. En el sueño me reconoció y me llamó por mi apodo (Toño) y yo lo abracé y lloré sobre él. Le pasaba mi mano por su espalda dándole masaje como solíamos hacerle algunos hermanos del ministerio.

Yiye nos pidió que habláramos en el culto de despedida que sería el sábado en el sueño. Vi los hermanos del ministerio despidiéndose de él llorando. Entonces escuché una voz que dijo; *"Yiye era como Moisés y Toño como Josué"*. En ese momento desperté llorando y gimiendo en el Espíritu sintiendo que él partiría con el Señor.

Hoy mientras terminaba este capítulo el Espíritu Santo me recordó este sueño y por primera vez lo doy a conocer. Ni aún a mi esposa Marisol le había contado sobre este sueño. Las razones son obvias. No era antes ni lo es hoy, la intención de hacerme ver como el sucesor de Yiye que es lo que inmediatamente uno pensaría cuando hablamos de Moisés y Josué.

Sin embargo, tenemos que entender que es Dios quien llama y envía conforme a Su soberana voluntad con el fin de que sus planes y propósitos sean cumplidos.

Yo no pedí al Señor ser llamado al Ministerio Cristo Viene de nuestro amado hermano Yiye Ávila. Cuando luego de mi experiencia del lunes 29 de junio de 1981 en agradecimiento lo que le comencé a pedir a Dios fue que quería testificar al mundo lo que me había sucedido. Que tomara mi vida e hiciera como Él quisiera. Lo demás es la historia de este libro.

Los zapatos ministeriales de Yiye son un modelo único que Dios creó para una generación en particular. Jamás mi vida espiritual la he comparado con la de mi mentor. Al contrario, cuando Dios me llamó a su ministerio me sentía que era indigno por la demanda de consagración que Yiye exigía a su Escuadrón poniéndose él como ejemplo.

Aunque la intención parece buena, mi experiencia personal con Dios me ha enseñado que el Señor camina a nuestro lado al paso que cada uno puede andar. Cada uno de nosotros somos es un ente original creado antes de que fuéramos engendrados en el vientre de nuestra madre.

¿Qué le quiero decir con esto? Cuando Dios nos creó, ya Él conocía cual sería nuestro proceder en el tiempo y espacio de nuestra vida. Cuando el Anciano de cabellos blancos me llamó a Sur América con Yiye ya Él sabía mucho antes que en mí proceso viviría muchas victorias y también muchas caídas. Aún así, me escogió y me llamó para cumpliera una misión.

Recientemente el Señor me hizo ver algo ahora que estoy nuevamente testificando por toda Sur América; a Yiye lo envió con un mensaje profético de los juicios de Dios que serán derramados sobre la tierra. Y muchos que se convirtieron y vinieron a los pies del Señor en las campañas lo hicieron, aunque de todo corazón, pero bajo el temor que ciertamente nos puede producir el conocer lo juicios de Dios que están profetizados sucederán durante la gran tribulación.

Luego pasando los años, al igual que a mí me sucedió, cayeron en pecado. El Señor me hizo comprender que mi retorno a Sur América es precisamente para levantar a muchos que hoy no se han podido levantar por las mismas razones que me impedían a mi levantarme.

Los juicios y el amor de Dios ciertamente son dos realidades. Pero antes de los juicios predomina el amor y la misericordia para perdonar y restaurar, pues es Su voluntad que ninguno perezca, sino que todos sean salvados mediante el sacrificio de Su Hijo.

*"El Espíritu de Yahweh está sobre mí. Por eso me ha ungido para anunciar buenas nuevas a los pobres, y me ha enviado para restaurar a los quebrantados de corazón, para proclamar libertad a los cautivos y vista a los ciegos, para fortalecer **con el perdón a los quebrantados**, y para proclamar el año agradable de Yahweh". Lucas 4:18-19 (versión Peshitta)*

Entonces le comparto este sueño del 6 de diciembre de 2010 según lo escribí en mi libreta. Sueño que estoy en una campaña con Yiye. Están para llamarlo para que predique. Cuando lo llaman, veo que le dan un vaso de jugo que él toma antes de predicar. Lo toma y me da la mitad a mí. Cuando lo bebo era rico su sabor. Yiye no predicó y tuve la sensación, que era yo quien iba a predicar.

Mi interpretación del sueño; la mitad del jugo en el vaso que bebió Yiye fue su tiempo y la otra mitad que yo bebí, es mi tiempo ahora. A Yiye se le comisionó predicar de los juicios proféticos que vendrían y a mí sobre el amor y misericordia del Señor.

CARMEN DELIA TALAVERA VDA. DE ÁVILA
Hna. Yeya

Yiye Ávila creo que no necesitaría más elogios y reconocimientos de todos los que le conocimos y valoramos su obra. Sin embargo, dedicar este libro solo a su memoria sin reconocer a su amada esposa Carmen Delia Talavera, quién como toda buena ayuda idónea, fue una heroína anónima detrás del escenario en toda la vida y trayectoria del siervo de Dios, sería una gravísima falta a la historia del Ministerio Cristo Viene.

La Hna. Yeya, como cariñosamente la conocemos, fue mi jefa en el Departamento de Correspondencia al cual fui asignado en mis comienzos. Una mujer recta, de carácter intimidante necesario para implantar el orden y liderazgo. Pero cuando se le conoce personalmente, se descubre su gran corazón y sentimientos puros, ella es un vaso frágil y fuerte a la vez para soportar las mismas presiones, pruebas y batallas que libró su esposo.

Cuando la tragedia tocó la familia, todos públicamente hablaban del dolor del siervo de Dios y del valor al perdonar aquél que le arrebató la vida de su hija olvidando que el mismo dolor que sufrió Yiye, lo sufrió ella. Todas las pruebas que fuimos testigos, el mismo dolor lo sintió ella.

Pero todos nos enfocamos en la personalidad del varón de Dios, el que estaba en la tarima frente a las cámaras y vista de miles de espectadores cometiendo el grave pecado de no reconocer que ambos eran una sola carne, esposo y esposa, marido y mujer, padre y madre de la misma familia, llamados al Ministerio por el Señor, aunque no con el mismo protagonismo, su participación como una miembro pequeña del Cuerpo de Cristo en el Ministerio Cristo Viene, era también necesario.

Para ambos, reconociendo su gran sacrificio en beneficio de la obra evangelizadora del Señor en todo el mundo, de parte de mi esposa Marisol y mi persona, reciban nuestro cariño y admiración por medio de este sencillo, pero muy merecido reconocimiento, pues ustedes fueron escogidos por Dios en el diseño y cumplimiento de nuestro llamado a Sur América.

Capítulo 34
EL SEÑOR ME ENVÍA CON MENSAJE A YEYA

La mañana del jueves 2 de enero de 2014 el Señor me dio una poderosa revelación con la hermana Carmen Delia Talavera viuda de Yiye Ávila mejor conocida como la hermana Yeya.

Previo a la revelación mientras oraba en la madrugada de ese día, el Señor me daba una palabra por Su Espíritu Santo para que se la llevara a ella, cosa que tengo que admitir, me negué rotundamente y por una hora estuve en seria resistencia con el Señor.

Las razones por las cuales me resistía ir el Señor las conoce y no tengo dudas que Él me entendía. Pero ciertamente Dios obra por sederos misteriosos que no conocemos y simplemente si Él nos da una orden, obrará para nuestro bien aunque en el momento no lo entendamos.

"NO, NO, Y NO IRÉ A ELLA..." Le repetía al Señor, mientras me movía de un lado a otro caminando por la casa. Envía a otro. No soy el indicado a llevarle esa palabra..." Las razones por las cuales me negaba y me resistía el Señor las conoce y prefiero dejar el asunto ahí. Por espacio de una hora estuve resistiendo el fuego de la voz del Espíritu caminando por toda la casa. De la sala al balcón, del balcón al cuarto, salía a la carretera frente a la casa mirando al cielo y resistiendo, hasta que rindiéndome le dije:

"... Ok, Señor tú ganas, pero con esta condición, cuando me vuelva acostar en la cama, me lo tienes que confirmar en una revelación. No mañana, ni pasado mañana, ni la próxima semana, sino cuando me acueste de nuevo en mi cama, porque de lo contrario entenderé que no fue tú Espíritu Santo el que me habló".

Señor, he venido a ti y nada ha sucedido

Finalizada mi disputa con el Señor, regresé al calor de mi cama para continuar mi descanso hasta el amanecer. Pensando en tantas vivencias del pasado en el ministerio, me quedé dormido y caí en un sueño profundo donde recibí la confirmación del mensaje que me había dado el Espíritu, pero ahora de manera visual y contundente, en una poderosa revelación que no tuve más remedio que llevarle en obediencia.

Al amanecer, estaba batallando en mi mente cómo contarle a Marisol lo sucedido. Cuando le compartí a mi esposa la misión que había recibido de parte del Señor, ella se enfermó del estómago. Y debo confesar que también a mí se me descompuso el estómago. Estaba de nervios, pero la bola estaba en mi cancha y no tenía otra alternativa sino ir a la casa de mi hermano Yiye para reunirme con Yeya y decirle, aquí estoy porque el Señor me envió con este mensaje.

Como cuestión de hechos, así comencé la conversación cuando me reuní con ella en su casa. Le dije: "Yeya, quiero que sepas que no estaría aquí si el Señor no me hubiera enviado a ti. Por cierto, me resistí hasta lo sumo para no venir, pero Él me confirmó para que lo hiciera y aquí estoy.

El Señor me mostró que tú eres la persona que tienes que continuar el legado de Yiye porque tú eres su esposa y el llamado que le hizo a Él te incluía a ti porque fuiste su ayuda idónea.

El Señor me mostró que el Ministerio Cristo Viene tiene que trabajar misiones de ayudas a niños desamparados en las Repúblicas donde antes se dieron Campañas de manera activa, y para eso el Señor me ha comisionado que te ayude.

Tú sabes la obra que mi esposa y yo levantamos (Amor a Puertas Abiertas) luego que fui expulsado del Ministerio y el Señor me restaurara. Yeya, el Señor quiere que yo regrese al Ministerio y te ayude en esta misión.

Señor, he venido a ti y nada ha sucedido

"Hay Toño, si yo fuera parte del Ministerio no habría problema, pero a mí me sacaron y no tengo ninguna autoridad, y ni por deferencia se nos consulta nada en cualquier decisión que la Junta decida tomar".

Cuando escuché esas palabras, le dije: Bueno, si esto es del Señor y no tengo duda alguna que no lo sea, Él obrará en su momento y hará que las cosas que son Su perfecta voluntad sucedan.
Te cuento lo que el Señor me habló y confirmó esta madrugada en sueño.

En la revelación, vi a Yiye en una tarima predicando como lo hacía con aquella poderosa unción y su estilo único, caminando de un extremo al otro de la plataforma, con el cable del micrófono sostenido en su correa.

Mientras Yiye predicaba te veía en la parte izquierda de la tarima que lo contemplabas, admirada con una sonrisa reluciente en tu rostro. Yeya tú estabas con una hermosa vestidura larga entallada perfectamente a tu medida con un detalle muy particular. La mitad del vestido era blanco sin mancha y muy reluciente. Y la otra mitad del vestido era de color negro, que al verlo me hizo pensar en luto por su partida.

De repente, veo cuando Yiye en un momento dado, al moverse a la derecha sale de escena y es en ese momento cuando sale, que veo dos manos sosteniendo un embace grande color azul el cual tú te acercas al medio de la tarima para recibirlo. Lo agarras y descendiendo de la tarima lo colocas en la tierra.

En ese momento veo a un niño como de siete años que se acerca al embace mientras también yo me acerco y quitando la tapa del embace veo que estaba lleno de semillas de girasol. ¡Aleluya!

Fue en ese momento que el Espíritu Santo me recordó la palabra que me había dado y me hizo sentir claramente en mi espíritu era la confirmación que le había pedido al acostarme y me elevé por los aires adorando al Señor sintiendo una paz que sobrepasa todo entendimiento.

He vivido esta experiencia muchas veces, la de saber mientras estoy en pleno sueño que estoy en medio de una experiencia sobrenatural. Cuando esto me ha sucedido, sé que tengo la habilidad de volar en el espíritu.

Envuelto en la bendición del Espíritu Santo adoré al Señor e impulsándome con las manos como si fueran alas me elevé al cielo sintiendo una paz maravillosa y la confirmación de la orden divina dada.

Al despertar quedó resuelto mi conflicto y fui al hogar de Yeya para llevarle lo que el Señor me había mostrado es Su voluntad para ella y el Ministerio Cristo Viene luego de la partida a las mansiones celestiales de nuestro querido hermano Yiye Ávila.

EL LEGADO DE YIYE ÁVILA

La interpretación del sueño para mí fue clara y contundente. Continuar el legado del Señor dado a Yiye y Yeya cuando los llamó al Ministerio. El llamado de Dios desde el principio fue para ambos. Ambos estaban en la tarima. Su vestidura blanca y negra significan los dos tiempos que le ha tocado vivir.

Un tiempo junto al varón de Dios el cual vivió en pureza y el otro tiempo de luto el cual vive hoy luego de la partida de Yiye. Ella es la persona llamada por el Señor para dirigir la continuación del legado ministerial que una vez recibieron de parte del Señor.

Al salir Yiye de la escena y entrar las dos manos con el embace azul lleno de semillas de girasol que recibe la hermana Yeya, significa la continuidad del legado de llevar la Palabra de Dios a las Naciones. La semilla representa la palabra de Dios que bien claro lo enseñó Jesús en la parábola del sembrador.

Señor, he venido a ti y nada ha sucedido

El niño representa la obra social a favor de niños desamparados que el Señor quiere se atiendan y el fruto de los nuevos convertidos en Cristo, las nuevas criaturas que nacerán como fruto del legado ministerial que continuará, porque el llamamiento y los dones que una vez recibimos del Señor, son irrevocables.

En mi vida me ha tocado llevar mensajes de parte del Señor a hermanos en la fe que consideraba eran amigos sinceros, pero que después de hacerlo, por alguna razón que duele pensar, me convirtieron en persona non grata a ellos. Esto ha sido parte de mi largo y amargo proceso de restitución al pleno ministerio que el Señor entregó en mis manos.

Ese día comprendí muchas cosas de su vida que desconocía. Ahora en verdad estaba conociendo a la que hoy considero más que la esposa de mi mentor, como una amiga y consejera de nuestro Ministerio Amor A Puertas Abiertas Misión Sur América.

Es de admirar personas que en silencio sufren injusticias y agravios por amor a la obra del Señor. Lloré tanto sobre su hombro con grande llanto al ver sus ojos llenos de lágrimas. Y por varios días después de esa reunión lloraba sintiendo en mi espíritu el dolor de su alma; todas las aflicciones que esta gran mujer de Dios vivió junto a su amado esposo Yiye y sigue sufriendo hoy. Tengo que decir que fue ese día que verdaderamente conocí a la hermana Yeya, la que hoy estimo como una gran amiga y hermana en la fe.

En esta nueva edición del libro compartimos lo que considero es el capítulo final, debido a nuestro establecimiento oficial de nuestra sede y primer orfanatorio en Guayaquil, Ecuador, país de inicio de la obra que el Señor nos ha encomendado realizar en toda Sur América. Para la inauguración y corte de cinta de nuestra sede y facilidades que serán utilizadas como nuestro primer orfanatorio hemos invitado a nuestra querida hermana y amiga Yeya Ávila.

Señor, he venido a ti y nada ha sucedido

Hoy quiero dejar como un testimonio para la posteridad, que esta es el inicio de una nueva etapa en la vida de Yeya y el ministerio que junto a su esposo fueron comisionados por él Señor. He tenido varias revelaciones con ella, su hija Doris y el Ministerio Cristo Viene, las cuales conservo escritas con fecha y hora por las que espero en el Señor por su fiel cumplimiento.

Es una bendición siempre recibir las visitas de Yeya a nuestra casa. Nos gozamos recordando anécdotas.

Señor, he venido a ti y nada ha sucedido

Con Yeya rumbo a Sur América

VIAJE A PERÚ DEL 30 JULIO AL 12 AGOSTO 2018

Invitados por el evangelista Eliezer Rivera tuve el privilegio de acompañar a Yeya a Perú. Especialmente en la ciudad de Cajamarca donde Yiye no pudo llegar por motivo de su salud afectada días antes del inicio de la Cruzada. Fue un momento muy emotivo para el pueblo recibirla y escuchar sus palabras de saludo y testimonios.

Mientras viajamos atravesando el desierto de Trujillo a Lima, Yeya recordó cuando acompañó a su esposo en una las Cruzadas que Yiye realizó en Perú.

Ha sido un honor para mí viajar a mi amada Sur América con Yiye y ahora en esta nueva temporada con su esposa mi nuestra muy apreciada hermana Yeya. ¡Gracias Señor por la esta bendición!

NICARAGUA CON YEYA Y DORIS ÁVILA ABRIL 2019

El presidente Daniel Ortega y su esposa Rosario Murillo en unión a las Iglesia de Nicaragua hicieron un merecido reconocimiento a Yeya por su labor realizada junto a su esposo Yiye Ávila. Durante la visita les obsequié una copia de nuestro libro, **Señor he venido a ti y nada ha sucedido**.
LA BIBLIA QUE YIYE OBSEQUIÓ A DANIEL ORTEGA

Señor, he venido a ti y nada ha sucedido

Durante nuestra visita el presidente Daniel Ortega y su esposa le trajeron la Biblia que Yiye les había obsequiado en su visita a Nicaragua para que también Yeya se la dedicara. Ser testigo y grabar este acontecimiento para mí fue un evento muy especial.

Señor, he venido a ti y nada ha sucedido

Reconocimiento dado a Yeya Ávila en la Gran Vigilia de Nicaragua donde la policía calculó una asistencia de 90,000 mil personas congregadas alabando a Dios desde las 8:00 PM hasta las 5:00 AM fue impresionante. A las 4 de la mañana me fue asignado culminar la actividad con el último mensaje y tuve el privilegio de compartir mi testimonio para la gloria del Señor.

Señor, he venido a ti y nada ha sucedido

Testificar lo que el Señor ha hecho en nuestras vidas, más que un llamado, es un honor y privilegio que atesoro como piedra preciosa porque mis vivencias con Él me han hecho comprender en otro nivel el amor y misericordia de Dios hacia la humanidad. Su voluntad es que usted que me lee sea salvo por medio del sacrificio de Su Hijo JESUCRISTO.

Viaje a Nicaragua acompañando a Yeya y Doris

Señor, he venido a ti y nada ha sucedido

Compartiendo en Nicaragua con Yeya y Doris

Señor, he venido a ti y nada ha sucedido

En mi segundo viaje a Sur América mientras estuve en Trujillo, Perú con Yeya, finalizado el culto me fui en un largo viaje de 17 horas en bus para visitar a mis hijitos de Guayaquil.

En el culto en Trujillo, Perú el Señor se encargó de colocar muchas rosas en el culto las cuales fui movido por el Espíritu Santo dar una rosa a cada alma que pasó al frente para reconciliar su vida con el Señor.

Señor, he venido a ti y nada ha sucedido

Señor, he venido a ti y nada ha sucedido

Dios usó al evangelista Eliezer Rivera y su amada esposa Virginia al invitarnos a Yeya y a mí a esta aventura en Perú. Este viaje el Señor alineó grandes propósitos para nuestro ministerio en Sur América. ¡Gracias Eliezer y Virginia!

Señor, he venido a ti y nada ha sucedido

Regreso del primer viaje a mí tierra prometida Sur América en gozo y victoria. Gracias Señor por esta gran bendición esperada.

Señor, he venido a ti y nada ha sucedido

En el segundo viaje nuestras nietas Zoelis y Kiana fueron a llevarme al aeropuerto.

Señor, he venido a ti y nada ha sucedido

Aquí con Mary, el amor de mi vida y columna fuerte de nuestro hogar. A quien Dios reveló en sueños el ministerio que hoy juntos hemos trabajado para la gloria del Señor:

Misión Sur América

"He aquí se cumplieron las cosas primeras, y Yo anuncio cosas nuevas; antes que salgan a luz, Yo os las haré notorias" **Isaías 42:9**

279

Señor, he venido a ti y nada ha sucedido

"Tu mujer será como vid que lleva fruto a los lados de tu casa; Tus hijos como plantas de olivo alrededor de tu mesa". Salmo 128:3

¡Dios te Bendiga!

Disponible en Amazon.om

NO ESTAMOS SOLOS

La manifestación del fenómeno Ovni es una realidad en nuestros días que no se puede negar por la mucha evidencia. ¿Qué dice la Biblia al respecto? ¿Está Dios en el misterio de los Ovnis? ¿Son seres extraterrestres de otras galaxias los que están contactando al hombre? ¿Tiene Dios naves voladoras? ¿Es obra de Satanás? ¿Cómo saber si una manifestación del fenómeno es una señal de Dios ¿Habrá una invasión de seres extraterrestres en la tierra? Las respuestas de esas y otras preguntas las encontrará en este Estudio Bíblico.

Disponible en Amazon.om
¿Alguna vez se ha preguntado si los animales resucitarán? Esa pregunta se la hice al Señor luego que perdiera a mi perro Brandon. Si es amante de los animales y ha llorado la muerte de sus mascotas, usted se gozará conmigo al descubrir la respuesta que recibí del Señor. "Y a todo lo creado que está en el cielo, y sobre la tierra, y debajo de la tierra, y en el mar, y a todas las cosas que en ellos hay, oí decir: Al que está sentado en el Trono, y al Cordero, sea la Alabanza, la Honra, la Gloria y el Poder, por los siglos de los siglos". Apocalipsis 5:13 Si los animales no resucitan, el sacrificio de Cristo en la cruz del calvario seria incompleto. Cuando entraron al Arca de Noe, entraron bajo la cubierta del mismo Pacto de Dios para vida hecho con el hombre.